スタートダッシュ大成功！

小学校 学級開き 大事典

『授業力＆学級経営力』編集部編

中学年

明治図書

さぁ，学級づくりの
スタートダッシュを決めよう！

　「学級開き」をイメージすると，いつも，はじめて教師になったときの学級開きを思い出します。最初に担任したのは４年生でした。その日を少しでも印象的なものにしようと，目一杯準備して教室に入りました。テンションを高めて教室に入り，自分の名前を力強く黒板に書き，ギターを弾きながら歌い，ハンドスプリング（体操の技）まで披露しました。子どもたちは笑顔を向けたり，拍手をしてくれたりしました。その日の評判は上々で，４月後半から行われた家庭訪問では，「始業式の日は，『楽しそうな先生だ』と喜んで帰ってきた」と多くの家庭で言われました。ガッツポーズをして帰ってきた子もいたそうです。しかし，その後が順風満帆だったかというと，そんなわけがありません。現実の厳しさを知ることとなりました。

　さて，本書は中学年版です。学校事情から比較的若い先生が中学年を担任することが多いようです。この時期は，「９歳の崖」「10歳の壁」という言葉があるように子どもたちが急激に成長する時期でもあり，また，様々な葛藤を迎える時期でもあります。低学年のようでありながら，そうではない，かといって高学年でもない，といったとらえにくい時期だといえるでしょう。３年生進級時にクラス編成替えをする学校も多く，低学年のときは特に気にならなかった子どもたちが，３年生になって学級崩壊のような状態になったと報告される例も少なくありません。

　読者である先生方はよくご存知だと思いますが，低学年のときは，特に算数などは丸暗記や見ればすぐ解けるような問題だったのが，３年生くらいから複雑になり，抽象度が高まり，思考力が必要となってきます。つまり，学習の難度が増し，学力差が大きくなってくるころです。また，この抽象思考ができる能力は，子どもたちの内面に劇的な変化を起こします。大人は，自分の中にもう１人の自分がいて，自分を客観的に見ています。いわゆるメタ

認知能力をもっている状態です。9歳から10歳の頃に，多くの子どもたちがこの能力を獲得します。自分を相対化することが可能になるので，他者との比較も可能になります。だから，秀でたいとがんばる一方で，自分はみんなよりも劣っているなどのことも認知できるようになります。勉強ができなくなることが，自尊感情にダメージを与えるようになるわけです。

　抽象的思考は論理的思考力も高めます。また，時間感覚も正確に認知するようになります。すると，教師の発言に対して「～ということは，～ってなるから，先生の言っていることはおかしい」とか「前に言ったことと違うじゃん」などと，考えることができるようになります。低学年のときまでのように，頭ごなしの指導は難しくなります。

　そして，最もよく知られた変化は「ギャングエイジ」という言葉に象徴されるように，社会性が育ってくる時期で，不特定多数の仲間をつくり始めます。前に述べたような他者比較による劣等感や，逆の優越感が生まれてくるのも社会性のなせる技だと考えられます。学級集団づくりとしては，仲間づくりが成功すれば，クラスのまとまりができて低学年までにはなし得なかったダイナミックな活動が可能になります。しかし，一方で荒れるときは「徒党を組む」ような状態になり，組織性が出てきます。低学年のときのような，なんだかわけのわからない混沌とした状態と違って，集団で1人をいじめたり，また，集団で教師に反抗したりするようなこともやってのけるようになります。

　人の発達において中学年は大きな成長を遂げるときです。あどけなさと大人っぽさが入り交じった，とても魅力的な時期だとも言えます。教壇は選ばれた者だけが立てる舞台です。ぜひ，学級担任を楽しんでもらいたいです。学級開きだけで1年が決まるわけではありませんが，あなたの教育観が表出する日でもあるでしょう。よい出会いとなることを願っています。

2018年2月

赤坂　真二

CONTENTS
もくじ

さぁ，学級づくりの
スタートダッシュを決めよう！ ……………………………………………… 2

第1章

こうすれば絶対うまくいく！
学級開き成功のポイント

1 優先順位を誤らないこと ……………………………………………… 10
2 学級の成長段階から見る初日に大切なこと ………………………… 10
3 求められる自治的集団づくり ………………………………………… 12
4 出会いの日の教師のリーダーシップ ………………………………… 13
5 「楽しく」よりも「温かく」 …………………………………………… 14

第2章

春休み〜新年度1週間の動きがすべてわかる！
学級担任の新年度の仕事一覧

1　3年生担任の仕事 …………………………… 16
2　4年生担任の仕事 …………………………… 30

第3章

小さな工夫が大きな差を生む！
学級開きを成功に導くアイデア

1　「学級目標」のアイデア❶ ……………………… 46
2　「学級目標」のアイデア❷ ……………………… 48
3　「自己紹介カード」のアイデア❶ ……………… 50
4　「自己紹介カード」のアイデア❷ ……………… 52
5　「おたより・予定表」のアイデア ……………… 54
6　「給食当番」のアイデア ………………………… 56
7　「掃除当番」のアイデア ………………………… 58
8　「係活動」のアイデア …………………………… 60
9　「学習ルール」のアイデア ……………………… 62

第4章

子どもの心をガッチリつかむ！
出会いの日の教室トーク

1 先生は，3つのこと以外では叱りません（3年） …… 66
2 90点の子をほめず，70点の子をほめます（3年） …… 68
3 手と手を合わせて，友になる（3年） …… 70
4 10秒で10問，はじめはできなくて当たり前です（4年） …… 72
5 エジソンは何回ぐらい失敗したでしょう？（4年） …… 74
6 人はそれぞれ違うものです（4年） …… 76

第5章

クラスがギュッとまとまる！
学級づくりのゲーム＆アクティビティ

1 学級開き当日にできる短い活動❶（3年） …… 80
2 学級開き当日にできる短い活動❷（3年） …… 82
3 友だちづくりや学級づくりの活動❶（3年） …… 84
4 友だちづくりや学級づくりの活動❷（3年） …… 86
5 友だちづくりや学級づくりの活動❸（3年） …… 88

6	学級開き当日にできる短い活動❶（4年）……………………90
7	学級開き当日にできる短い活動❷（4年）……………………92
8	友だちづくりや学級づくりの活動❶（4年）…………………94
9	友だちづくりや学級づくりの活動❷（4年）…………………96
10	友だちづくりや学級づくりの活動❸（4年）…………………98

第6章

クラスがどんどんうまくいく！
学級づくりの工夫＆アイデア

1	「学級目標づくり」の工夫＆アイデア ……………………102
2	「朝の会」の工夫＆アイデア ………………………………104
3	「給食当番」の工夫＆アイデア ……………………………106
4	「掃除当番」の工夫＆アイデア ……………………………108
5	「係活動」の工夫＆アイデア ………………………………110
6	「帰りの会」の工夫＆アイデア ……………………………112
7	「学級通信」の工夫＆アイデア ……………………………114
8	「連絡帳」の工夫＆アイデア ………………………………116
9	「はじめての保護者会」の工夫＆アイデア ………………118

第7章 パッと使えて効果絶大！達人教師の学級開き小ネタ集

1 3年生の小ネタ集 …………………………………………………… 122
2 4年生の小ネタ集 …………………………………………………… 126

第8章 「今すぐ何とかしたい！」を素早く解決！学級開きの悩みQ&A

1 役割分担に時間がかかってしまいます… ………………………… 132
2 持ち上がりで学級開きに新鮮味がありません… ………………… 134
3 学級開きに使える時間が足りません… …………………………… 136
4 学級通信に何を書けばよいかわかりません… …………………… 138
5 発達障がいの子の支援に必要な準備は… ………………………… 140
6 子どもが前学年のことにこだわります… ………………………… 142
7 学級の雰囲気がとても暗いです… ………………………………… 144
8 学級編成に保護者からクレームが入りました… ………………… 146
9 わがままが目にあまる子がいます… ……………………………… 148

第1章 こうすれば絶対うまくいく！学級開き成功のポイント

1 優先順位を誤らないこと ……………………………………10
2 学級の成長段階から見る初日に大切なこと ………………10
3 求められる自治的集団づくり ………………………………12
4 出会いの日の教師のリーダーシップ ………………………13
5 「楽しく」よりも「温かく」 …………………………………14

Chapter 1

優先順位を誤らないこと

「学級経営の本を読むと、『学級開きは楽しく』と書いてある。子どもたちは教師の言うことを受け入れる状態にあるから、早い段階で学級のシステムをつくってしまおう。『鉄は熱いうちに打て』だ」。

こうした方針に則って、楽しい話をして、盛り上がるアイス・ブレイクのゲームをしました。それから、最初の1週間で学級目標も決めたし、係や当番活動も決めました。「よし、これで大丈夫だ」と思っていたのに、2週間もすると最初のあの溌剌とした雰囲気は影をひそめ、なんとなく淀んだ空気が流れ始めるゴールデンウィーク前を迎える学級があります。こういう学級は、何が問題なのでしょうか。

 学級の成長段階から見る初日に大切なこと

学級がうまくいかなくなったのは、もちろん、出会いの日だけに理由があるとは思えません。その後の小さなズレが大きなひずみになったのだろうと思われます。しかし、出会いの日からそれが始まっていたことは間違いないでしょう。上記のようなクラスは、出会いの日に大切にすることの優先順位を誤っているのかもしれません。

次ページの図をご覧ください。これは、縦軸に「教師の指導性」、横軸に「子どもの自由度」をとり、学級の成長段階を示したものです。

新しいメンバーでスタートした学級は、第一段階の学級（①）です。ここでは、教師が指導力を十分に発揮できていません。したがって、この段階は、教師の指導性も低く、子どもたちの自由度も低い段階で、緊張感が高い状態です。もちろん、「持ち上がり」で教師も子どもたちもメンバーが替わらずに、スタートする場合もあります。その場合は含みません。あくまでも、新しい教師と子ども集団が出会った場合や、新しい教師と学級編成替え後の子

どもたちが出会った場合です。

　第一段階から抜け出すためには，教師の指導性を上げていくことが必要です。教師の指導性を上げるのは，学級内の安心や安全を確保するためです。子どもたちの自由度が上がるとかかわりが増えるのでトラブルも起こります。しかし，教師の指導性が保障されないままに，子ども同士の自由度を上げてしまうと，子ども同士のトラブルが起こったときに，歯止めが効かなくなります。

学級の成長段階と手立て

　スポーツの試合を考えてみてください。審判の力が弱い状態で，正常な試合が成り立つでしょうか。

> 正常な試合は，審判の指導力や抑止力がきちんと機能した状態で実現できる

のです。だから，まずは，教師の指導性を高めて，トラブルや心配事があっ

ても「この先生のもとならばなんとかなる」という安全が保障される状態をつくり出す必要があります。

3 求められる自治的集団づくり

　さらに重要なのは，中学年は子どもたちの集団化が進み，4年生は自立性を求めるようになることです。場合によっては教師主導の学級経営のあり方に，不満を漏らす子も出てきます。それが集団化すると，学級がコントロール不能となり，学級崩壊に至る場合があります。全国の学校を訪問させていただいていると，3年生までは従順な子どもたちが，4年生の，特に後半から教師に反旗を翻すパターンがけっこう見られます。

　中学年の学級経営は，低学年によく見られるような教師中心，教師主導では破綻をきたす可能性が高いのです。子どもたちの集団性や自立性を生かした，学級経営が求められるようになります。つまり，④のような自治的集団づくりが求められます。自治的集団づくりのためには，子どもたちに自分たちの問題を話し合わせたり，自分たちで決めさせたりして，子どもたちに決定権を委ねるようなリーダーシップが必要なのです。子どもの自由度は高いですが，教師の指導性が低い状態です。

　しかし，④のような指導性が低い状態を迎えるためには，その前提として②や③のような指導性の高い状態をくぐる必要があります。②や③の段階で，教師が指導しなくても学校生活を送ることができるだけの知識や態度やスキルを教える必要があります。指導性の低い教師は，そうした自立のための必要事項を指導することができません。したがって，④のような状態に子どもたちを導くことができないのです。

　それでは，教師の指導性を上げるために，教師は何をしたらよいのでしょうか。それを明らかにすることで，出会いの日に必要なことが見えてくるでしょう。

出会いの日の教師のリーダーシップ

　なぜ，教師は子どもたちに指導ができるのでしょうか。それは，

> 教師の指導性を子どもたちが受け入れている

からに他なりません。つまり，指導性の高い教師は，子どもたちに自分が指導者であることを認めてもらっているのです。子どもたちにとって，教師の指導性を受け入れることは一種の挑戦です。なぜならば多くの場合，子どもたちは教師のことを知らないのですから。子どもたちが信じるに足るものを子どもたちに示さなければなりません。指導を始めるためには，教師がいち早く子どもたちに与えなくてはならないものは，

> 安心感

です。人は，安心したときに挑戦をします。逆に言えば，安心できないのに挑戦させようというのはかなりのストレスを生じさせることでしょう。これから学級生活が始まるに当たって，生活ルールを学ぶこと，友だちとかかわりをもつこと，そして，何よりも新しい学習内容に取り組むこと，すべてが挑戦です。これから子どもたちに膨大な挑戦をさせるのに，安心感の低い状態でいろいろなことをさせようとしたら，子どもたちは悲鳴をあげることでしょう。

　では，安心感を支えるものはなんなのでしょうか。これはもう，おわかりですよね。ときどき止まるジェットコースターに，だれが乗るでしょうか。ときどき食中毒を出す料理店に，だれが行くでしょうか。袖を通したらすぐに破れる服を，だれが買うでしょうか。ジェットコースターの定期点検，料理店の安全管理，洋服の品質保証，これらはすべて，

> 信頼の獲得のため

です。社会的な成功のためには信頼されることが必須です。信頼されるためには，期待に応えること，そして，期待を裏切らないことです。初日に感じる不安を和らげ，安心に転じることができる教師が信頼されます。

5 「楽しく」よりも「温かく」

　学級生活の初日に何よりも大切なことは，信頼の獲得です。その信頼の獲得のために必要なことが，安心感です。初日にどんなに子どもたちを笑わせても，子どもたちがそれによって安心感を得なかったらＮＧです。大事なことは，おもしろいこと，笑わせることではありません。安心させることです。書籍等に「成功間違いなし」と書いてあるアイス・ブレイクも，子どもたちの実態に合っていますか？　持ち上がりの学級で，子どもたちの関係性がある程度できているならば，いきなり，子ども同士でかかわるようなゲームをしてもよいですが，子ども同士が緊張している状態で，いきなりかかわらせたり，身体接触をさせたりしてしまうような内容は，再考が必要です。

　また，学級生活を早く安定させようと，矢継ぎ早に，ルールやシステムを決めることも注意が必要です。子どもたちの感情や思いを無視して，頭ごなしにルールを設定することは危険です。前年度までのルールとのギャップに拒否反応を示す子がでるかもしれません。しっかりと子どもたちにそのルールの必要性やそのメリットを伝えることが必要でしょう。

　学級開きは，「楽しく」というよりも「温かく」がいいのです。また，急いでルールやシステムを決めるよりも，楽しく談笑してからでもいいのかもしれません。初日に最優先でやるべきことは，信頼獲得のための安心感を与えることです。

（赤坂　真二）

第2章
春休み〜新年度1週間の動きがすべてわかる！
学級担任の新年度の仕事一覧

1　3年生担任の仕事 …………………………………………………… 16
2　4年生担任の仕事 …………………………………………………… 30

Chapter 2

1 3年生担任の仕事

春休み

　春休みは1年間をスムーズに進めるための，大切な準備期間です。しかし会議や入学式の準備等であまり時間がとれません。

　限られた時間の中で，漏れ落ちのない準備をしなければなりません。

　また，学校のルール，学年で統一して指導していくことなどは，学級開きの前に共通理解を図っておく必要があります。

　子どもの質問に対し，あいまいな答えしかできなければスタートから信頼を失ってしまうかもしれません。

　万全のスタートを切ることができるように，見通しをもって仕事を進めていきましょう。

　準備には大きく分けると，学年として行うことと，学級担任として行うことがあります。特にクラス替えのある3年生の場合は，前年度からの引き継ぎ等も入念に行うようにしましょう。

【学年として行うこと】
❶前年度の学年からの引き継ぎ
・全体的な傾向や気になる子どものことを引き継ぐ。

❷指導方針の確認と学年目標の決定
・前年度の反省や引き継ぎ資料などから，新年度の学年経営方針の共通理解を図る。それを基に学年目標を決める。

❸帳簿類の準備
・指導要録，健康診断表，歯科検診表，出席簿，児童名簿，名前印，保健調

査票，健康手帳，家庭環境調査票などの準備をする。公簿となるもの，校内で統一して使用するものなど，取り扱いに注意する。

❹学級編成名簿
・発表用に拡大したものを用意する。

❺学年通信
・学年の経営方針，学年教師集団の紹介を載せる。

❻教科書，副読本
・始業式前日までに各教室に運ぶ。数を確認する。

❼児童用名札
・児童数×2枚を用意しておく。

❽教材選定，発注，購入，確認
・リコーダー，習字道具など3年生から必要になる教材の確認を行う。その他ドリル等の選定を行い，発注する。

【学級担任として行っておくこと】
❶環境整備
・教室を清掃する（床，窓，黒板，掲示板，ロッカー，教卓，廊下，掃除用具入れなど）。
・下駄箱，トイレや手洗い場等を清掃する。

❷備品整備
・蛍光灯，ロッカー，カーテン，机，イス，傘立て，黒板消しなどの数の確認や破損等のチェックを行う。

❸名前シール
・下駄箱，机，イス，ロッカーに貼っておく。

❹座席表
・番号順に座るように指定する。教室入り口付近に掲示しておく。

❺学級通信
・指導方針や，担任の自己紹介などを載せる。

❻当面の予定をまとめる
・わかっていることをまとめておくとよい。１週間分の詳しい内容を予定表の中に記入しておく。

❼教室の飾りつけ
・華美にする必要はないが，前面の黒板には学級担任の思いを書いておくとよい。鉢植えの花を用意すると，教室が明るくなる。

❽自己紹介のコメント
・学級開きの担任の自己紹介と学級に対する思いをまとめておく。

❾一日の流れを確認しておく
・朝の会，帰りの会，掃除，給食当番のやり方などはあらかじめ決めておく。

❿最初の５日間の流れを考える
・関係書籍を読んだり，過去の週指導計画を振り返ったりしながら５日間の詳しい流れをノートに書き出しておく。

⓫子どもの名前を覚える
・子どもの名前を覚えておき，初日に顔と一致させる。

⓬気になる子どもをチェックする
・生徒指導上気になる子，健康面で気になる子などの情報を集める。

⓭授業開きの準備
・魅力的な授業で子どもを引きつけられるように準備する。

⓮配付物の確認
・種類と数を確認する。

⓯時間割の作成と印刷
・教室掲示用の拡大した時間割も用意する。

　学級担任として行う準備には，事務的な準備と，よりよい学級づくり，授業づくりのための準備とがあります。事務的な準備については，各学校で違いがありますので，上記の例を参考にアレンジして取り組んでください。
　大切にしたいのが，よりよい学級づくり，授業づくりのための準備です。
　過去に３年生を担任したことがあれば，そのときの資料を読み返します。また，前年度の３年生担任から資料を借りて，年間のイメージをつかんでおくとよいでしょう。
　それを基に，どんな学級にするのか，どんなことに挑戦させるのかなど経営方針を大まかに考えておきます。
　そうすることで，「これを準備しよう」「この時期にこんな活動をさせよう」といった学級づくりのアイデアが生まれてきます。

1日目

いよいよ，始業式当日になりました。

担任と子どもとの大切な出会いの日です。明るく笑顔を忘れず，対面しましょう。お互い緊張感をもち，慣れない状況ですが，半日の中で，方針の説明や配付物，確認事項など必要不可欠なことが盛りだくさんです。場合によっては優先順位をつけて，取捨選択することも必要です。前日までに万全の準備をして，この日を迎えましょう。

子どもへのあいさつでは，短い中にも，どんな3年生になってほしいのか，担任としての熱い思いを語りましょう。そして「この担任の先生なら，安心して過ごせる」と思ってもらえるようにしましょう。

以下に，1日目の流れを追って，その留意点を述べます。

❶教室の最終点検

・再度教室を点検し，イスや机の数を確認する。
・メッセージを黒板に書く。

❷クラス発表

・クラス名簿を学年の先生と一緒に指定された場所に掲示する。
・発表後はきれいに取り外し，教室に運ぶ（氏名確認に使うことができる）。しばらく教室に掲示しておくことで，お互いの名前を覚えることに役立つ。

❸始業式

・自分の受け持つ子どもたちの様子をよ

く観察しておく。話の聞き方のよい子，姿勢のよい子など，後でほめる材料を集めておく。
・担任名が発表されたら，元気よく笑顔で返事をする。

❹教室でのはじめての学級活動

・出席番号順に座らせる。
　朝，黒板に指示しておくとよい。
・担任の自己紹介と進級を祝う簡単なあいさつをする。
　まずは，どの子も安心して過ごせるように，明るく，楽しい雰囲気のあいさつを心がける。第一印象が１年間を左右するくらいの気持ちで，シナリオを用意して臨む。
・子どもの呼名を行う。
　漢字等の表記，読み方を確認する。出席番号を知らせる。
・基本方針を伝える。
　これだけはがんばってほしいということ，いじめは許さないことなど，端的に話をする。
・食物アレルギーなどの確認をする。
・３年生で新しく始まることや行事などを教える（リコーダー　習字　校外学習など）。

・当面の学校生活の説明をする。
　予定表を作成しておくとよい。

❺配付物と提出物の確認

・教科書を配付し，乱丁・落丁等がないか確認し，家庭で記名してくるよう指示する。

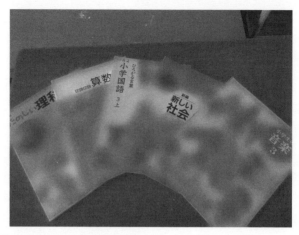

・家庭調査票や学年だより等を配付する。
・提出物については，提出期限を確認する。

❻基本ルールの確認

・翌日からスムーズに1日が過ごせるように，基本的な当番活動などのやり方を教える。
・朝の会，帰りの会のやり方を示す。慣れてきたらアレンジしていく。
・掃除当番，給食当番を決める。当面は出席番号で振り分けるとよい。
・給食当番や掃除当番での注意点を話す。
・初日に給食や掃除がない場合は，翌日に回してもよい。

2日目

　今日は入学式。学校規模にもよりますが，3年生も入学式に参加するとなると，子どもにとっても担任にとっても慌ただしい1日となります。
　まだ本格的な授業は始まりませんが，細々としたルールの確認が続きます。なんでも最初が肝心です。基本的な生活習慣を身につけさせるために，担任は細かい点にも気を配りたいものです。
　特に，クラス替えがあって，複数の学級から子どもたちが集まってきている場合は，様々なルールが混在しているはずです。早めに確認しないと混乱のもとになります。
　また，子どもたちの自己紹介の時間をきちんととり，1年間この学級で一緒に生活していく仲間のことを理解させます。

❶教室での出迎え
・可能な場合は，教室で子どもたちを迎える。まずは教師から元気でさわやかなあいさつをする。

❷整理整頓
・自分のロッカーを確認させ，荷物を整理してかばんを入れさせる。机の中の整頓もするように話す。

❸提出物回収
・登校した子から，昨日配付した家庭環境調査票や保健調査票などを提出させる。忘れた場合は，明日持って来るように伝える。

❹朝の会

・教師がサポートしながら，昨日示した通りにやらせる。シナリオをつくっておき，それを読めばできるようにしておく。

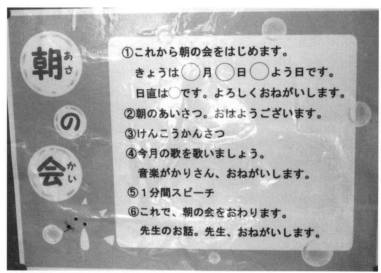

・欠席者がいれば，早い時間帯に理由を確認する。欠席する場合の連絡時間や方法を保護者に周知しておく。

❺学級活動1

・自己紹介を行う。
　前日に30秒程度のあいさつを考えておくことを宿題にしておく。
・学年目標を説明する。
　どんな学年になってほしいのか説明する。

❻入学式

・行事の趣旨を話し，しっかりとした心構えで臨ませる。

❼学級活動2

・学校生活のルールや学級のルールを確認する。
　昨年の様子を聞きながら，確認していく。あいまいなことは，あとで学年で相談してから伝えるようにする。即答して混乱を招くようなことがないようにしたい。

❽給食指導

・配膳の仕方，おかわりの仕方など，細かい部分まで目を配り，確認していく。
・新しく確認したことがあれば，明文化しておく。

❾清掃指導

・掃除用具の使い方，片づけ方，身支度等を教え，チェックする。
・清掃場所が複数にまたがる場合は，巡回指導する。

❿帰りの会

・朝の会同様に，ていねいにやり方を説明し，教師主導で進める。

【2日目の時間割例】

1限	学級活動	自己紹介，学年目標について
2限	入学式	体育館の移動，練習
3限	入学式	全校で入学式に参加
4限	学級活動	学校や学級のルールの確認
給食・清掃		細かい部分まで確認する

3日目

　3日目には係活動を決めたり，身体測定があったりします。また，いよいよ授業も開始します。最初の出会いが大切であるのと同じように，最初の授業もまた1年間の印象を左右します。入念な準備をして，授業開きに臨みましょう。
　当番活動の確認，ルールづくりは2日間では終わっていない部分もあるはずです。引き続き細かい部分まで気を配っていきましょう。

❶係活動

・前年度の様子を聞きながら，ある程度担任主導で係を決めていく。

❷係カードの作成

・係ごとにどんな仕事をするのかなどをカードに書かせ，掲示する。

❸身体測定

・しっかりと番号順で並ばせる。
・並ぶときにおしゃべりするような子がいた場合は，やり直しをさせる。
・身体測定を受ける前後のあいさつについても指導する。

❹授業開き
・一番はじめの授業なので,自分の得意な教科で行うとよい。

❺給食指導
・当番の仕事ができてきたら,当番以外の子どもの動きもよく観察する。
・静かに待っている子をほめる。

❻昼休み
・子どもたちと一緒に外に出て遊ぶ(子どもたちの人間関係を観察するチャンス)。

❼清掃指導
・やり方が身についている子を探し,何がよかったのか帰りの会で具体的にほめる(それにより,どうすればよいのかが他の子にもわかる)。

❽授業
・ノートの書き方,教科書の位置など,学習のルールも早めに確認しておく。

【3日目の時間割例】

1限	学級活動	係を決める
2限	学級活動	係のカードを作成する
3限	行事	身体測定(並び方の指導も)
4限	国語	授業開き(一番自信のある教科を)
給食・清掃		やり方が身についているか細かい部分までみる
昼休み		子どもと一緒に外に出て遊ぶ
5限	算数	学習のルールも確認する

4日目

最初の3日間は慌ただしく過ぎていったことでしょう。しかし，この3日間でしっかりとルールづくりや仕組みづくりをしておけば，その後の学級経営をスムーズに進めることができます。ただし，こうしたことはすぐにできなくなっていくものです。気を緩めず，見守っていきましょう。

　学級全体の方向性を示すことはできたので，今度は個々の目標を考えさせます。目標は，「何を」「いつまでに」「どのくらい」行うのかなど，具体的に達成できたかどうかがわかるものにさせます。また，その目標を書いた紙に個人写真を貼ったものを掲示しておくと，お互いの名前を早く覚えることができますし，他のクラスの担任に子どものことを説明する際に使うこともできます。学力面での調査も早めに行いましょう。前学年の計算や漢字などをテストし，基礎学力がどの程度身についているのかチェックします。

【4日目の時間割例】

1限	学級写真	全体写真と個人写真を撮る
2限	学級活動	個人の目標を考え，カードに記入する
3限	国語	前学年の漢字テスト，音読チェック
4限	算数	かけ算九九のテスト
給食・清掃		やり方が身についているか見守りながら，確認する
昼休み		遊んでいる子の様子を観察する
5限	社会	はじめて学習する教科なので，楽しく導入する
6限	体育	並び方，集合の仕方など基本的なことを確認する

5日目

　1日の生活もだいぶ落ち着いてできるようになってくるころです。

　ここまでは，どうしても規律を身につけさせる指導が多くなります。そこで，5日目には，学級全員で楽しく遊ぶことができる学級レクなどを行うとよいでしょう。教師も子どもも一緒になって大いに楽しみましょう。

　子ども同士をつなぐような取組も5日目までに取り入れましょう。互いに協力しなければできないようなゲームや，授業における班活動の充実など，横のかかわりを増やしていきます。

　保護者との関係づくりにも気を配っていきましょう。気になる子の場合，電話連絡したり，家庭訪問したりするなど，早めにつながっておきましょう。

　クラス全員のよいところを見つけ，学級通信で紹介する取組などもおすすめです。

【5日目の時間割例】

1限	理科	はじめての理科なので，理科室の使い方を教える
2限	学級活動	1年生を迎える会の練習
3限	学級活動	学級レク
4限	国語	漢字練習の方法，音読のコツなど基本を指導する
給食・清掃		やり方が身についているか見守りながら，確認する
昼休み		教室に残っている子，ひとりぼっちの子がいないかチェックする
5限	算数	学習のルールを確認しながら授業を進める

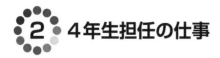

2　4年生担任の仕事

春休み

　春休みは1年間をスムーズに進めるための，大切な準備期間です。しかし会議や入学式の準備等であまり時間がとれません。
　限られた時間の中で，漏れ落ちのない準備をしなければなりません。
　また，学校のルール，学年で統一して指導していくことなどは，学級開きの前に共通理解を図っておく必要があります。
　4年生はクラス替えがないことも多いかと思いますが，そのような場合であっても，ルールをしっかりと再確認しておきましょう。前年の間にルールが混在してしまっていることもあるからです。もちろん，クラス替えがない分，比較的作業は少なくて済みます。しかし，少しの油断が大きなミスにつながることもあります。気を引き締めて準備していきましょう。

【学年として行うこと】
❶前年度の学年からの引き継ぎ
・すべての担任が持ち上がりならばよいが，そうでない学級がある場合は特に念入りに引き継ぐ。

❷指導方針の確認と学年目標の決定
・前年度の反省から，新年度の学年経営方針の共通理解を図る。それを基に学年目標を決める。

❸帳簿類の準備
・指導要録，健康診断表，歯科検診表，出席簿，児童名簿，名前印，保健調査票，健康手帳，家庭環境調査票などを準備する。

クラス替えがなくても，学年を記入したり，担任名を入れたりするなどやるべきことは多い。公簿となるもの，校内で統一して使用するものなど，取扱いに注意する。

❹学年通信
・学年の経営方針，学年教師集団を紹介する。

❺教科書，副読本
・始業式前日までに各教室に運び，数を確認する。

❻児童用名札
・児童数×2枚を用意しておく。

❼教材選定，発注，購入，確認
・ドリルやノートなどの選定を行い発注する。

【学級担任として行っておくこと】
❶環境整備
・教室を清掃する（床，窓，黒板，掲示板，ロッカー，教卓，廊下，掃除道具箱など）。
・下駄箱，トイレや手洗い場等を清掃する。

❷備品整備
・蛍光灯，ロッカー，カーテン，机，イス，傘立て，黒板消しなどの数の確認や破損等のチェックを行う。

❸名前シール
・下駄箱，机，イス，ロッカーに貼っておく。

❹座席表
・番号順に座るように指定する。教室入り口付近に掲示しておく。

❺学級通信
・マンネリにならないように，内容を工夫する。

❻当面の予定表
・わかっていることをまとめておき，1週間分の詳しい内容を予定表の中に記入しておく。

❼教室の飾りつけ
・華美にする必要はないが，前面の黒板には学級担任の思いを書いておく。
・鉢植えの花を用意しておくと，教室が明るくなる。

❽担任からのメッセージ
・学級開きの担任の思いをまとめておく。持ち上がりだからこその熱い思いを語る。

❾最初の5日間の流れを考える
・関係書籍を読んだり，過去の週指導計画を振り返ったりしながら5日間の流れをノートに書き出しておく。

❿気になる子への対応を考える
・持ち上がりであっても，フレッシュな気持ちで，生徒指導上気になる子，健康面で気になる子などの対応を再度考える。
・場合によっては春休み中のアプローチも考えておく。

⓫授業開きの準備
・魅力的な授業で子どもを引きつけられるように準備する。

⓬配付物の確認
・種類と数を確認する。

⓭時間割の作成と印刷
・教室掲示用の拡大した時間割も用意する。

　学級担任として行う準備には，事務的な準備と，よりよい学級づくり，授業づくりのための準備とがあります。事務的な準備については，各学校で違いがありますので，上記の例を参考にアレンジして取り組んでください。
　大切にしたいのが，よりよい学級づくり，授業づくりのための準備です。
　過去に４年生を担任したことがあれば，そのときの資料を読み返します。また，前年度の４年生担任から資料を借りて，年間のイメージをつかんでおくとよいでしょう。
　それを基に，どんな学級にするのか，どんなことに挑戦させるのかなど経営方針を大まかに考えておきます。
　そうすることで，「これを準備しよう」「この時期にこんな活動をさせよう」といった学級づくりのアイデアが生まれてきます。
　クラス替えのない持ち上がり学級の場合，馴れ合いでダラダラとした学級開きになってしまうこともあります。
　一からすべてやり直すつもりで，緊張感をもって準備をしましょう。そして，「またこのクラスでよかった」と，どの子にも思ってもらえるように，様々な工夫をしていきましょう。前年度取り組んでよかったことは，今年度も継続していくようにしましょう。

1日目

　いよいよ，始業式当日になりました。

　担任と子どもたちとの大切な出会いの日です。明るく笑顔を忘れず，対面しましょう。お互い多少の緊張感はありますが，これまで1年間ともに過ごしてきた仲です。安心して新学年を迎えられた子も多いでしょう。一方で，担任に対してマイナス面の印象をもっている子もいるかもしれません。そうした子の気持ちをいかに前向きに変えていくのかも大切です。前日までに万全の準備をして，この日を迎えましょう。

　子どもたちへのあいさつでは，短い中にも，どんな4年生になってほしいのか，担任としての熱い思いを語りましょう。そして「やっぱり今年もこの先生が担任でよかった。この先生なら，安心して過ごせる」と思ってもらえるようにしましょう。

　以下に，1日目の流れを追って，その留意点を述べます。

❶教室の最終点検
・再度教室を点検し，イスや机の数を確認する。メッセージを黒板に書く。

❷始業式
・子どもたちの様子をよく観察しておく（話の聞き方のよい子，姿勢のよい子など，後でほめる材料を集めておく）。
・担任名が発表されたら，元気よく笑顔で返事をする。

❸教室でのはじめての学級活動
・出席番号順に座らせる。
　朝，黒板に指示しておくとよい。
・進級を祝う簡単なあいさつをする。

まずは，どの子も安心して過ごせるように，明るく，楽しい雰囲気のあいさつを心がける。はじめて出会う場のような緊張感をもって，シナリオを用意して臨む。
・子どもの呼名を行う。
　すでに知っている子たちなので，簡単に激励のメッセージを添えるようにする。
・基本方針を伝える。
　これまでにも何度も語っていることであっても，これだけはがんばって欲しいということ，いじめは許さないなど，端的に話をする。
・クラブ活動，校外学習など，４年生で新しく始まることや行事などを教える。
・当面の学校生活の説明をする（予定表を作成しておくとよい）。

❹配付物と提出物の確認

・教科書を配付し，乱丁・落丁等がないか確認し，家庭で記名してくるよう指示する。

・家庭調査票や学年便り等を配付する。

・提出物については，提出期限を確認し，記名することを指示する。

❺当番活動の確認

・翌日からスムーズに1日が過ごせるように，基本的な当番活動などのやり方を確認する。
・朝の会，帰りの会の注意点を確認する。
・掃除当番，給食当番を決める（当面は出席番号で振り分ける）。
・給食当番や掃除当番の注意点を確認する。
　基本的には当番のやり方は前年通りに行わせるが，せっかくの機会なので，子どもたちに話し合わせ改善点を考えさせていくとよい。
　例えば，朝の会に入れた方がよいメニューや，給食当番のやり方で変えた方がよいことなどを考えさせていく。
　新しい考えがまとまるまでは，とりあえずは前年踏襲でよいこととする。

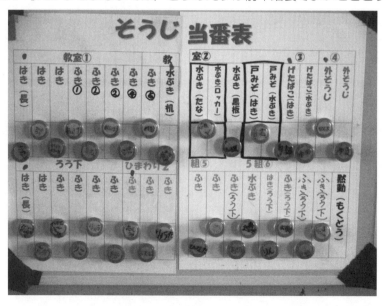

2日目

　今日は入学式。学校規模にもよりますが，4年生も入学式に参加する場合は，子どもたちにとっても，担任にとっても慌ただしい1日になります。
　まだ本格的な授業は始まりませんが，細々としたルールの確認が続きます。なんでも最初が肝心です。基本的な生活習慣を身につけさせるために，担任は細かい点にも気を配りたいものです。
　クラス替えがない場合，ここをあいまいにして過ごしがちです。ですが，前年に乱れてしまった部分を立て直すには，ここが肝心です。くどいと思われるくらいていねいに様々なことを確認していきましょう。「そんな約束になっていたんだ」と意外な発見があることもめずらしくありません。

❶教室での出迎え
・可能な場合は，教室で子どもを迎える。まずは教師から元気でさわやかなあいさつをする。

❷整理整頓
・自分のロッカーを確認をさせ，荷物を整理してかばんを入れさせる。机の中の整頓もするように話す。

❸提出物回収
・登校した子から，昨日配付した家庭環境調査票や保健調査票などを提出させる。

❹朝の会
- 昨年と同じようにやらせる。基本的にはシナリオなしでやらせる。何事も前年よりもハードルを上げ，進級したのだという実感をもたせる。
- 欠席者がいれば，早い時間帯に理由を確認する。

❺学級活動1
- どんな学年になって欲しいのか，学年目標について説明する。

- 個人目標を立てる。
- 目標は，「何を」「いつまでに」「どのくらい」行うのかなど，具体的に達成できたかどうかがわかるものにさせる。

❻入学式
- 行事の趣旨を話し，しっかりとした心構えで臨ませる。
- 特に，高学年の仲間に入ったという意識をもたせるようにする。

❼学級活動2
- 学校生活のルールや学級のルールを確認する。
- 念のために再度すべてのルール，約束を確認する。

あいまいになっている点はないか振り返らせる。また学級のルールは学級の話し合いで見直すことがあってもよい。とりあえずは，昨年同様のルールでスタートすることにする。学年全体にかかわることが出たら，あとで学年で相談してから伝えるようにする。即答して混乱を招くようなことがないようにしたい。

❽給食指導
・配膳の仕方，おかわりの仕方など，細かい部分まで目を配り，確認していく。
・新しく確認したことがあれば明文化しておく。

❾清掃指導
・繰り返し細かい部分まで確認する。
・掃除用具の使い方，片づけ方，身支度等を教え，チェックする。
・清掃場所が複数にまたがる場合は，巡回指導する。

❿帰りの会
・朝の会と同じく，前年通りにやらせる。

【2日目の時間割例】

1限	学級活動	学年目標について説明し，個人目標を作成する
2限	入学式	体育館の移動，練習
3限	入学式	全校で入学式に参加
4限	学級活動	学校や学級のルールの確認
給食・清掃		前年のやり方で実施

3日目

　3日目には係活動を決めたり，身体測定があったりします。また，いよいよ授業も開始します。

　最初の授業では，「今年の先生は去年とは違うな」と思わせることができるように，入念な準備をして，授業開きに臨みましょう。

　当番活動の確認，ルールづくりは2日間では終わっていない部分もあるはずです。3日目でルールの土台をつくり上げるように心がけます。引き続き細かい部分まで気を配っていきましょう。

❶係活動

・昨年の反省を生かし，話し合いをさせて係を決めていく。

❷係カードの作成

・係ごとにどんな仕事をするのかなどをカードに書かせ，掲示する。

❸身体測定

・しっかりと番号順で並ばせる。

・並ぶときにおしゃべりするような子がいた場合は，やり直しをさせる。

・身体測定を受ける前後のあいさつについても指導する。

❹授業開き
・一番はじめの授業なので,自分の得意な教科で行うとよい。

❺給食指導
・当番の仕事ができてきたら,当番以外の子どもの動きもよく観察する。
・静かに待っている子をほめる。

❻昼休み
・子どもと一緒に外に出て遊ぶ(人間関係を観察するチャンス)。

❼清掃指導
・やり方が身についている子を帰りの会で具体的にほめる。

❽授業
・ノートの書き方,教科書の位置など,学習のルールも早めに再度確認しておく。

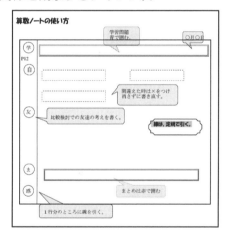

【3日目の時間割例】

1限	学級活動	話し合いで係を決める
2限	学級活動	係のカードを作成する
3限	行事	身体測定(並び方も指導する)
4限	国語	授業開き(一番自信のある教科を)
給食・清掃		やり方が身についているか細かい部分までみる
昼休み		子どもと一緒に外に出て遊ぶ
5限	算数	学習のルールも再度確認する

4日目

　最初の3日間は慌ただしく過ぎていったことでしょう。しかし安易に前年のままとせずに，この3日間でしっかりとルールや仕組みを再確認しておけば，前年以上の落ち着いた学級経営ができるはずです。もちろん，こうしたことはすぐにできなくなっていくものです。気を緩めず，しっかり見守っていきましょう。

　ある程度人間関係はできているはずですので，お互いに刺激をし合うような取組も入れていきましょう。

　特に，「やっぱりこのクラスでよかった」と思えるような取組をすることが大切です。例えば，クラス全員の名前の入った名簿を配り，そこにそれぞれの子のよいところを書き込ませていくのです。3年生のときのことで構いません。できるだけ多くの子のことを書かせてから回収します。それを学級通信に載せると，みんなが自分のよさをわかってくれている，安心できるクラスだと思ってもらえるでしょう。

　学力面での把握もできているとは思いますが，再度基本的な学力の調査はしておきましょう。意外な見落としに気づくこともあります。

【4日目の時間割例】

1限	学級写真	全体写真と個人写真を撮る
2限	学級活動	友だちのよいところ探し，個人目標を考える
3限	国語	前学年の漢字テスト，音読チェック
4限	算数	前学年の計算テスト
給食・清掃		やり方が身についているか見守りながら確認する
昼休み		遊んでいる子の様子を観察する
5限	社会	3年生の復習（地図帳が使いこなせるか確認）
6限	体育	並び方，集合の仕方など基本的なことを確認する

5日目

　クラス替えがなかった学級の場合，マンネリになりがちで，進級したという実感をもちにくい面があります。そこで5日目には，「やはり4年生になったらちょっと違うな」と思えるような取組もしましょう。

　例えば，「4年生は高学年としての仲間入りをする学年です。高学年として何かできることはないかな？」と投げかけ，どんな小さなことでもよいので挑戦させていきます。

　また，ここまではどうしても規律を身につけさせる指導が多くなります。そこで，学級全員で楽しく遊ぶことができる学級レクなどを行うとよいでしょう。教師も子どもも一緒になって大いに楽しみましょう。

【5日目の時間割例】

1限	理科	授業開きは理科室での実験で
2限	学級活動	高学年としてできることを考える
3限	学級活動	学級レク
4限	国語	詩の暗唱など達成感のもてる取組を行う
給食・清掃		やり方が身についているか見守りながら確認する
昼休み		教室に残っている子，ひとりぼっちの子がいないかチェックする
5限	算数	学習のルールを確認しながら授業を進める

（瀧澤　真）

第3章

小さな工夫が大きな差を生む！
学級開きを成功に導くアイデア

1 「学級目標」のアイデア❶ ……………………………… 46
2 「学級目標」のアイデア❷ ……………………………… 48
3 「自己紹介カード」のアイデア❶ ……………………… 50
4 「自己紹介カード」のアイデア❷ ……………………… 52
5 「おたより・予定表」のアイデア ……………………… 54
6 「給食当番」のアイデア ………………………………… 56
7 「掃除当番」のアイデア ………………………………… 58
8 「係活動」のアイデア …………………………………… 60
9 「学習ルール」のアイデア ……………………………… 62

Chapter 3

1 「学級目標」のアイデア❶

学級目標は手づくりしよう！

学級目標は，子どもたちと手づくり！

　学級目標の掲示物を教室前面に掲示するクラスは多いでしょう。この学級目標の掲示物は，教師と子どものどちらがつくっていますか？
　教師がパソコンでつくると，確かにきれいで，時間もかかりません。しかし，学級目標は，子どもと一緒に話し合って決めたことと思います。それならば，学級目標の掲示物も，教師1人がつくるのではなく，子どもと一緒に手づくりしましょう。その方が温かみが出ますし，子どもが学級目標に愛着をもちます。名づけて，「学級目標手づくりプロジェクト！」です。

「学級目標手づくりプロジェクト！」の流れ

①学級目標の1文字1文字を，みんなで分担して書く
　丸く切った画用紙に名前ペンで字を書き，そのまわりに色を塗ります。
②自分の似顔絵をかく
　かいたら，あまり余白が出ないように，輪郭のまわりを切ります。
③自分の名前を書く
　100円ショップで売っているシールに，名前ペンで名前を書きます。
④個人写真を撮り，印刷する
　「定期券サイズ」ほどの大きさで印刷します。
⑤模造紙に貼り，教室前面に掲示してプロジェクト達成です。（浅野　英樹）

みんなでつくった「学級目標」でき上がり！

「②似顔絵」「③名前」「④写真」は，このように少しかぶせて貼ります

第3章 学級開きを成功に導くアイデア

2 「学級目標」のアイデア❷

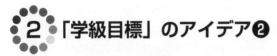
「じっくり」「自分ならでは」の
学級目標を決めよう！

焦らずに具体的な学級目標をつくる

　クラス替えをしてすぐに子どもたちで決める学級目標は，「助け合うクラス」や「笑顔あふれるクラス」といった形式的な内容になりやすいものです。どの学級でも使える言葉は，すぐに子どもたちの意識から消え，学級目標の存在が薄らいでしまいます。逆に，教師の思いが入りすぎる学級目標では，子どもたちの願いが届きません。

　教師と子どもたちの願いを込めた学級目標にするためには，年度はじめすぐに学級目標をつくらなければならない，などと焦る必要はありません。自分たちはどんな学級なのかが見えてくれば，自ずと具体的な学級目標が生まれるものです。

自分ならではの学級目標をつくろう

　適切な時期に行う学級目標づくりならば，その目標は子どもたち一人ひとりに任せたいものです。「よりよい学級にしたい」という願いはみんな同じですので，その目的を達成する学級目標であれば，教師はすべて認めます。

　自分ならではの学級目標は決して色あせることはありません。「じっくり」「自分ならでは」の学級目標づくりこそ，意味のある学級目標となります。

（香川　稔）

他の子どもの参考にするため，一人ひとり学級目標を黒板に書きます

具体的に実践可能な学級目標に○をして価値づけます

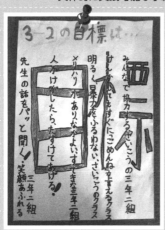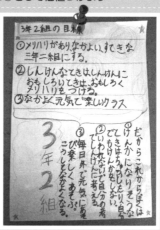

いつでも見えるように，教室背面にクリアファイルに入れて掲示します

第3章 学級開きを成功に導くアイデア　49

3 「自己紹介カード」のアイデア❶

自己紹介カードで
友だちと交流しよう！

「自己紹介カード」で友だちと交流！

　年度はじめの掲示物として，「自己紹介カード」を書くクラスは多いでしょう。この大切な時期に，貴重な時間を使って書くのですから，ただ書いて貼りっぱなしにしたのではもったいないです。次のような工夫を取り入れ，自己紹介カードを通して友だちと交流し，学級づくりに生かしましょう。

「自己紹介カード」の工夫

　まずカードに貼る写真は，おもしろいポーズをしたり，自分の好きなものと一緒に撮ったりすると，インパクトがあります。

　次に，項目欄には，「名前」や「今年度の目標」の他に，「好きなテレビ番組」「好きな食べ物と苦手な食べ物」「休み時間には，こんなことをしています」「○○のことなら私に聞いて！」「みんな，私をこう呼んで」「今はまっているもの」「私についての○×クイズ」（例：私は，犬より猫が好き。○か×か）など，自分のことがよくわかる項目を入れます。

　最後に，書き終わったら，一人ひとりが自分の自己紹介カードを持ち，友だちと交流します。教室内を自由に歩いて２人組になり，「今はまっているものは何？」「好きな食べ物は？」など，項目に沿って話をします。あちらこちらで「わかる～！」「同じ同じ！」といった楽しそうな声が聞こえることでしょう。

（浅野　英樹）

「自己紹介カード」の例

「自己紹介カード」で友だちと交流している様子

4 「自己紹介カード」のアイデア❷

友だちに「一言メッセージ」をもらおう！

　年度はじめや学期はじめなどに必ずと言っていいほど掲示される「自己紹介カード」。それをただ1人で書いて終わりでは，あまりカードの意味がありません。他の人が見て「へー，なるほど！」と読んでもらえるような自己紹介カードをつくってみましょう。

「一言メッセージ」を入れてみよう

　自己紹介カードというのは，普通は1人で書くもの。しかし，これをグループ，または学級全体でつくっていきます。まずはいつものように自己紹介カードを完成させます。その後，それをグループで見合ってメッセージを書いて回します。さらに，書いてもらいたい友だちにお願いしてメッセージをもらいます。何人かに書いてもらったあと，自分でメッセージを確認して，提出します。

メッセージを書く際に気をつけること

　お互いにメッセージを書く際に気をつけなければならないこともあります。そこで，書く活動をする前の一定のルールづくりが必要になります。基本となるキーワードは，「アサーティブ」。書いた相手が決して嫌な思いをしないように書く。でもこれが意外と難しいのです。
　しかし，このような活動を通して，「相手への伝え方」や「ぎりぎりのウィットなメッセージの伝え方」など，なかなか諸活動では伝えられない，肌感覚の人間関係を学ばせたいところです。　　　　　　　（村田　正実）

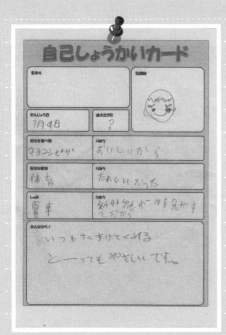

一言メッセージを入れた自己紹介カード

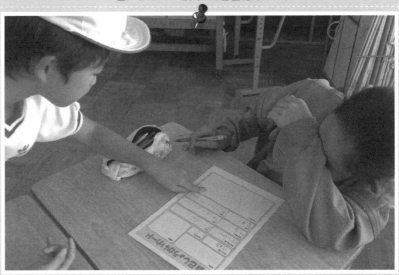

メッセージを書いている様子

第3章　学級開きを成功に導くアイデア

5 「おたより・予定表」のアイデア

みんなでつくろう！
みんなの教室

みんなでつくろう！　みんなの教室

　年度はじめには，教室に掲示物がほとんどありません。「おたより」や「予定表」などの掲示物を，少しずつつくっていく必要があります。さて，こうした掲示物をだれがつくっていますか？　また，つくったあと，新しいものにその都度更新する必要があります。だれが更新していますか？

　教室は，教師と子どもが協力して，心地よく過ごしていく場所です。「おたより」や「予定表」などの作成や更新も，教師1人で行うのではなく，子どもたちと協力して，一緒に行っていきましょう。合言葉は，「みんなでつくろう！　みんなの教室」です。

「おたより」「予定表」の作成・更新のコツ

　「おたより」は，子どもたちの手が届く高さに掲示します。手が届く高さにすることで，子どもたちが更新しやすくなります。また，下の方に更新頻度が高いものを掲示するとよいでしょう。

　「予定表」は，毎週子どもたちが書くようにします。「週予定プリント」を作成しておくと，子どもたちはそれを見て書きます。

　「いつ」「だれが」行うのかを決めておきます。「おたよりが来るたびに，掲示係が更新する」「金曜日に，日直が次週の予定表を書く」のように，「いつ」「だれが」行うのかを決めておきます。

（浅野　英樹）

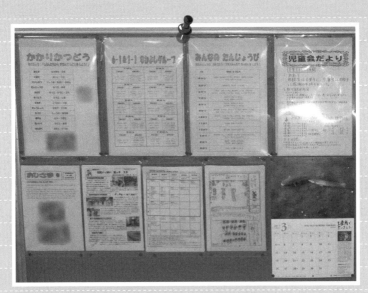

「おたより」は，更新しやすいように，クリアファイルに入れて掲示します

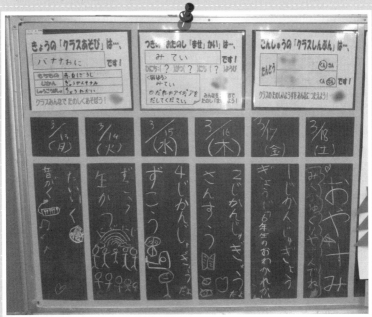

「予定表」は子どもたちが書きやすいように枠をつくっておきます

6 「給食当番」のアイデア

「給食コンシェルジュ」で楽しく変えよう！

　配分を間違えてスープが足りなくなる，苦手なものを少し減らしてほしい子がいるなど，給食の時間には，いろいろと小さな「事件」が起きます。そこで，当番に「給食コンシェルジュ」という新しい役をつけて給食をよりスムーズに楽しくすごせるようにしてみましょう。

給食コンシェルジュとは

　給食当番や給食係ではなかなかできない，給食時の困ったことを解決する「よろずやお助けマン」です。困ったことが起きたとき，まず動いて気持ちよく給食の時間を進めます。具体的には，以下のようなことを行います。

・たくさん配りすぎて足りなくなったスープを少しずつ食缶に戻す。
・当番が白衣を脱ぐ間に希望する子の給食を増やしたり減らしたりする。
・今日のイチ押しメニューの紹介や給食ウラ話をする。

「コンシェルジュだより」でより気持ちいい給食ライフを！

　給食コンシェルジュからのお知らせを給食当番表の近くに掲示します。「みんなへのお知らせ」「今週の目玉メニュー」など，学級みんなの給食ライフが楽しくなる内容を書きます。給食当番交代時には次のコンシェルジュへの引継を行って，さらに充実した「たより」が出せるように準備をします。(村田　正実)

コンシェルジュだより　9月4日(月)〜8日(金)

☆今週のコンシェルジュ

☆今週の目ひょう

12時25分までにしたくをしよう。

☆こんしゅうのメニュー

日にち	4日(月)	5日(火)	6日(水)	7日(木)	8日(金)
メニュー	ごはん チヂミ テジブルコギ テリハルスジョンガ	わかめごはん いかカレーフライ やさいソテー さつまじる	セルフチキンサンド (バンズバン・クリスピーチキン・ゆでやさい・マヨネーズ) ABCスープ ヨーグルト	ごはん ししゃもフライ マーボーなす ちゅうかスープ	むぎごはん ひややっこ ほうれんそうごまあえ にくじゃが ひとくちぜりー
おすすめ ポイント	オリンピックパックメニューです。かんこくです。	でました！わかめごはん！いかフライもおすすめ！	じぶんのすきなはさみかたをしてみよう。	ちゅうかデーです。おすすめはマーボーなす！	ひややっこのとうふは大豆からできているよ。

☆コンシェルジュから

今しゅうの　おかわりは　1人　1かいです。

給食当番表のまわりに掲示した「コンシェルジュだより」

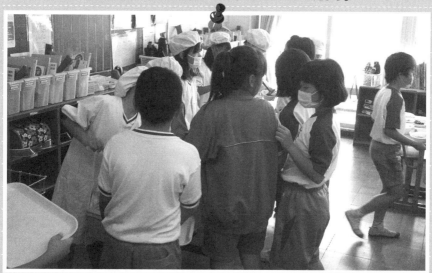

給食時，みんなのために動く「給食コンシェルジュ」

第3章　学級開きを成功に導くアイデア

7 「掃除当番」のアイデア

「おそうじサンキューカード」で
やる気アップ！

　掃除に対して,「自分の使うところをきれいにしなければならないのはわかっているけれど,どうしても一生懸命になれない」という子も少なくありません。特に中学年になると,どうしても気持ちがゆるんでしまう子もいます。
　そこで,大手スーパーでよく見る「お客様ご要望カード」をモデルに,「おそうじサンキューカード」をつくってみました。

「おそうじサンキューカード」とは

　「机の上がとってもきれいで気持ちよくなった！　ありがとう！」「トイレ,全然におわない！　すごいね！」など,それぞれの場所の掃除当番に向けて感じた思いをメッセージとして掲示物にしていきます。掃除をしたあと,このような気持ちになる友だちもいるんだなと思えると,掃除に対する考え方も大きく変わってきます。

カードをたくさん書いていく工夫とタイミング

　掃除のあと,すぐに感想を書くことは,子どもにとってなかなか難しいことです。そこで気がついたときにすぐに書けるように,あらかじめ付箋を子どもたちの手の届く場所に用意しておき,いつでも書けるようにしておきます。一番よいタイミングは帰りの会です。翌日になってしまうと,なかなかそのよさがイメージしづらくなるからです。時間が限られる帰りの時間ですが,習慣ができるとわりと多くのメッセージを集めることができます。　　　　（村田　正実）

掃除当番表に貼られた「おそうじサンキューカード」

カードを見て掃除の仕方が変わる

第3章 学級開きを成功に導くアイデア

8 「係活動」のアイデア

みんなによる，みんな笑顔の
係活動をしよう！

係活動の３つの留意点

　係活動は，子どもの創造性をはぐくむ場であるとともに，学級集団の凝集性を高める１つの手立てとなります。この利点を生かすため，次の３つに留意します。①活動する目的の共有，②いじめ・お金の使用・きまりの変更につながる事項の禁止，③活動する時間・場所・ものの確保，です。これらを意識して，有意義な係活動にします。

波に乗る係活動

　まず，「みんなによる，みんな笑顔の係活動」が目的であると確認します。さらに，「いじめ」「お金の使用」「校内のきまりの変更」「けが」などにつながる係活動は禁止であることを指導します。その中で，「いつでもだれとでも新しい係を立ち上げてよいこと」「人数は２人以上とし，みんながリーダーで責任をもつこと」「係の入退はいつでも可能だが，メンバーの迷惑になることはしないこと」「１か月間活動の様子が見られない係は活動中止となること」を伝えます。

　無理のない活動時間を確保するため，週１回の「係打ち合わせ給食」を実施します。また，給食時間に係からの報告を可とすることや，いつでも使える道具類や掲示場所を教室に用意し活動する機会を保障する工夫を行います。何度もトライ＆エラーを経験させ，波に乗る係活動にします。（香川　稔）

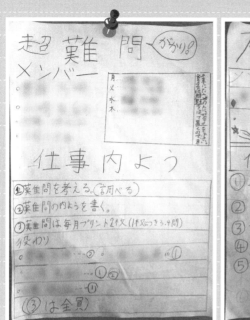
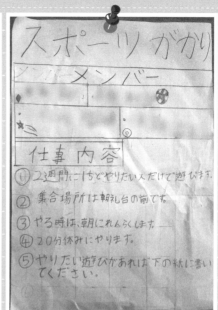

だれが・何を・いつまでにやるかを明確にした活動計画書

仲良しメンバーの固定化を打破し，流動性のある活動にします

第3章 学級開きを成功に導くアイデア

9 「学習ルール」のアイデア

「すなおに」「ていねいに」
「つづける」子になろう！

グー・ペタ・ピン

　姿勢よく座ることから学習が始まります。姿勢を正してイスに腰かけられない子にはいつでも「グー・ペタ・ピン」と声かけします。「グー」はへそと机がこぶし１個分の間隔で座ること，「ペタ」は足の裏が床にペタとつくこと，「ピン」は背筋を伸ばすことです。

そろえるべき学習用具

　「すなおに」「ていねいに」「つづける」子が一番成長すると，子どもたちに趣意説明しながら，次のような学習用具や学習ルールの指導をします。
　鉛筆は文字を濃くはっきりと書くために，２Ｂぐらいがよいと伝えます。授業中に座ったまま削れるので，ミニ鉛筆削りを用意させます。赤ペンはページ裏まで透けてしまうので，赤鉛筆を使うことを伝えます。定規は直線は15cmのものでかきますが，筆算の線を引くときは，ノート見開きの真ん中に当たらない10cm弱のミニ定規が使いやすいので，その旨を伝えます。ノートは，びっしり隙間なく書くのではなく，ゆったりと使うため，余白を使わずに，原則１マス１文字とし，文と文章以外は１行空きに書くことを徹底させます。最後に，いつでも調べられるように，机の横に国語辞典を用意させます。点ではなく線の指導を心がけ，１年間を通して１人でも多くの子ができるようになることを目指す教師の心構えが重要です。　　　（香川　稔）

成長する子の条件と学習ルールの関係を掲示します

辞書バッグと名づけていつでも調べられるようにします

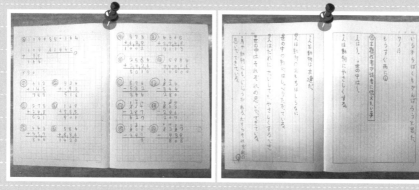

ゆったりとしたノート

第3章 学級開きを成功に導くアイデア

第4章 子どもの心をガッチリつかむ！出会いの日の教室トーク

1 先生は，3つのこと以外では叱りません（3年）……………66
2 90点の子をほめず，70点の子をほめます（3年）…………68
3 手と手を合わせて，友になる（3年）……………………………70
4 10秒で10問，はじめはできなくて当たり前です（4年）……72
5 エジソンは何回ぐらい失敗したでしょう？（4年）……………74
6 人はそれぞれ違うものです（4年）………………………………76

Chapter 4

1 先生は，3つのこと以外では叱りません（3年）

話し始める前に

　教師の軸がぶれると，子どもたちは混乱します。特に，「叱る」基準がぶれてはいけません。「この前は，叱られなかったのに…」「同じことをしているのに，なんで自分だけ叱られたんだろう」と，基準がぶれると，このような思いを子どもたちがもつことになります。そして，そのうち，子どもたちの不満が爆発し，学級崩壊につながることもあります。

　こういった最悪のケースを防ぐためにも，4月の出会いの日に，「叱る3原則」の話をします。子どもたちに，「叱る」基準を示すとともに，「このこと以外で先生は叱ることはありませんよ」という教師の所信表明にもなります。この「叱る3原則」は，野口芳宏先生からの学びです。

トークのメニュー

●担任の自己紹介（アクロスティック（あいうえお作文）で自己紹介）
「た～楽しく　わ～わらって　ら～ランランラン　は～走るは英語で
ら～RunRunRun」「先生は，楽しいこと・笑うことが大好きです。
でも，そんな先生でも叱ることがあります」
●叱る3原則の話。

アクロスティックで楽しく自己紹介をした後,「叱る３原則」の話をします。楽しい雰囲気のまま,話を続けます。

　先生は,楽しいことや笑うことが大好きです。できれば,ず〜っと,笑顔でいたいなぁと思っています。だから,先生は,「叱る」ことが好きではありません。みんなもそうでしょ？　叱られることが好きな人いますか？　そんな人いませんよねぇ。

　ここで表情を一変させ,真剣な表情になります。教室全体を見渡した後,一瞬,間をあけて話し出します。声のトーンは少し低めで。

　先生は叱るのが嫌い。みんなも叱られるのが嫌い。でもね…,それでも先生はみんなを叱ることがあります。今から話す３つのことができていないときには叱ります。めちゃくちゃ叱ります。

　「生命の危険にかかわること」「他人の不幸の上に自分の幸福を築くこと」「三度注意して改善の見込みが認められないとき」(『野口流教師のための叱る作法』)を基に,中学年にもわかりやすいように話します。

　１つ目は,「命にかかわるとき」です。例えば,道路に飛び出そうとしている子がいたら,大きな声を出し,ときには力づくでも引き寄せて思いっきり叱ります。優しく注意している間に,車にひかれたら大変でしょ？
　２つ目は,「何度注意されても反省しないで,直そうとしないとき」です。人はだれでも,間違ったり失敗したりすることがあります。だから,一度や二度はオッケーです。でも,三度も同じことを繰り返すのはいけません。自分を伸ばそうという気持ちがない子には,きっちり叱らせてもらいます。
　３つ目は,「いじめや人を差別したとき」です。いじめや差別は絶対に許しません。このことについては,一度目からきつく叱らせてもらいます。
　ちなみに,この３つのこと以外で叱ることはありません。もし先生がこの３つのこと以外で叱っていれば,みんなが先生を叱ってください。

2 90点の子をほめず，70点の子をほめます（3年）

話し始める前に

　授業中，ダラーっとした態度で座っている子がいたら，「高城くん，姿勢が悪いですよ」と指導するはずです。声を荒げることもなく落ち着いた声での指導です。当然，教師には「高城くんを叱っている」という意識はありません。ただ，言われた子どもは「叱られた」と感じることもあります。「叱る3原則」のこと以外で先生は叱ることはありません…と宣言しているのですから，子どもに「3原則以外で叱られた」と感じさせるのはよくありません。そこで，「叱る3原則」に，俵原流のプラス1をつけ加えます。このプラス1は，「叱る場面」だけでなく，「ほめる場面」でも使える俵原流学級づくりの核とも言える大原則です。

トークのメニュー

- ●「叱る3原則」の他に，もう1つ先生がこだわっていることがあります。このことができていない子には，しっかりと注意させてもらいます。ただ，大きな声で叱ったりすることはありませんけどね。
- ●「伸びたか・伸びていないか」の話。先生は「できたか・できていないか」ではなく「伸びたか・伸びていないか」で見ています。

「叱る３原則」の続きで話をするのがベストです。そうでない場合は，子どもたちに「叱る３原則」を思い出させた後，話をしてください。

「叱る３原則」以外で大きな声を出して叱ることはないけれど，注意することはあります。例えば，（教室を見回して，いじられるとおいしいと感じるようなお調子者な子を見つけ）「高城くん，姿勢が悪いですよ」というようなことです。今，高城くんの姿勢は悪くなかったですけどね。ごめんね，急に言われてびっくりしたよね（笑）。

　ここで教室全体を見渡し，一瞬，間をあけて話し出します。声のトーンは少し低めで。

　でもね，姿勢が悪くても注意されないことがあります。体調が悪くて，しんどい子に「姿勢が悪いですよ」とは言いません。それと，がんばっているんだけどできていない子にも，注意しないことがあります。**がんばっているのなら，たとえ今はできていなくても，いつかできるようになるからです。**このことは，姿勢のことだけではありません。

　話を聞くだけだと子どもの集中力が続かないので，クイズ形式の発問をします。教師が一番伝えたいことを，子どもの発言から組み立てていきます。

　では，ここで問題です。先生は，漢字テストで90点をとった子をほめずに，70点をとった子をほめることがあります。なぜだかわかりますか？
　（ここで，子どもたちの考えを聞き，出た答えについては，「なるほど」「そうかもしれないね」と受け止めます。答えの中には「70点の子はがんばったから」というものが必ず出るはずです）その通り。正解は，90点をとった子は，その前のテストは100点だったけど，70点をとった子は，その前のテストが40点だったからです。先生は，君たちを「**できたか・できていないか**」ではなく「**伸びたか・伸びていないか**」で見ています。結果よりも，がんばる姿勢が何より大切だからです。

③ 手と手を合わせて，友になる（3年）

話し始める前に

　学校生活の中で，子どもたちが一番長い時を過ごすのが，授業の時間です。子どもたちが楽しい学校生活を過ごすためには，楽しい授業が不可欠です。当然，教師は楽しい授業ができるように，教師修行に励まなくてはいけません。そこで，出会いの日にも，授業を行います。ここで紹介する授業は，私が所属する教育サークル「楽笑」の代表である金川秀人氏の実践です。「『友』という漢字の成り立ちは，『手』が2つ合わさってできたもの。だから，この1年間，新しい友だちと手と手を合わせてがんばっていこう」という出会いの日にもってこいの授業です。

トークのメニュー

- 「この1年間，楽しく勉強していきましょう！」という宣言の後，3年生第1回目の授業を行います。
- 「漢字の成り立ち」の授業です。山のイラストを見せ，「この形からどんな漢字ができたでしょう」と問います。「山」の後，「川」「火」など，いくつか簡単な問題を出し，右ページの授業を行います。
- 最後に「友だちと力を合わせてがんばりましょう！」で話を締めます。

「手」のイラストを見せます。これは簡単。子どもたちからは，「手」という答えが返ってきます。いよいよここからが本番です。

　それでは，手が2つあるとなんという漢字でしょう？（子どもは思い思いの答えを言うかもしれませんが，たぶん正解は出ません）
　では，ヒントを出すね。

ここでも正解は出ないと思います。さらに，ヒントを出します。

次は，こうなります。　　　さらに，こうなります。

　最初のヒントでは，子どもたちの意欲を高めるため，多くの子に意見を聞いていきますが，2つ目以降のヒントでは，子どもからの意見は最小限にとどめ，テンポよく進めていきます。
　そして，右のイラストを示し，「隣の人と握手してみよう」と呼びかけます。3年生の子どもたちは，素直に教師の指示に従うはずです。そして，最後の語りを始めます。

隣の人と握手してみよう！

　正解は，「友」という漢字です。手と手を合わせると，友になるんですね。今日，みんなは手と手を合わせて，隣の人と友になりました。この1年間，友だちと力を合わせてがんばっていきましょう！

4 10秒で10問，はじめはできなくて当たり前です（4年）

話し始める前に

「伸びたか・伸びていないか」で先生は君たちのことを見ています，と出会いの日に話しても，1回宣言したぐらいでは，子どもたちの心の中には入っていきません。出会いの日だけでなく，1年間を通して子どもたちに伝えていく必要があります。そのための必須アイテムが，「あまりのあるわり算プリント」です。この計算プリントを毎日行うことで，日々の伸びが，教師にも，子ども自身にも実感しやすいのです。ちなみに，4月当初には，制限時間内にクリアできる子はほとんどいません。最初に，クラス全員にできない体験をさせ，その後，クラス全員ができるようになるという成功体験を味わわせることもできます。

トークのメニュー

- ●今から，計算プリントをします。あまりのあるわり算のプリントです。「52÷7」で「7×7で49」。最後に，あまりを出すときのひき算「52−49」のところが繰り下がりになっている最強プリントです。
- ●みんなできましたか？ はじめはできなくて当たり前です。きっとできるようになるから，がんばって取り組んでいきましょう。

実際に，子どもたちが計算練習をする時間は5分。教師の説明等を加えても15分かかりません。慌ただしい出会いの日でも，十分に実践できます。繰り下がりありの最強プリントであるという説明の後，次のように続きます。

> 　最初はAの10問です。準備はいいですか？（全員が鉛筆を持ったのを確かめて）制限時間は10秒。よ～い，スタート！

　10秒でできる子はおそらくいません。子どもたちがガヤガヤ言っているのを無視して，間をあけず次に行きます。

> 　次，Bです。よ～い，スタート。…8，9，ストップ。次，C。よ～い，スタート。…8，9，ストップ（このように最後のJまで行きます）。

　子どもたちは，ここまでで100秒（10秒×10セット）計算練習をしています。あとの200秒で，残りのできなかった箇所の計算を行います。このように，時間を区切ることによって，計算の苦手な子も集中力が途切れることなく取り組むことができます。

> 　はい，時間が来ました。全部できた人いますか？　はじめはできなくて当たり前です。でも，みんなとても集中してがんばっていました。先生は，去年も「『できたか・できていないか』ではなく『伸びたか・伸びていないか』で，君たちを見ています」と言っていたでしょ。今年も同じです。この計算プリントは，今日だけでなく，これからもやっていくつもりです。君たちの伸びを楽しみにしています（今後，このプリントをした後は，必ず「前よりよくなった人？」と自分の伸びを自覚できる聞き方をします）。

5 エジソンは何回ぐらい失敗したでしょう？（4年）

話し始める前に

「できたか・できていないかではなく，伸びたか・伸びていないかにこだわる」ということは，「結果ではなく，過程にこだわる」と言い換えることもできます。やる気に満ちあふれた４月のこの時期に，電球を発明するまでに１万回もの実験を行ったエジソンのエピソードを紹介することで，子どもたちに，「すぐに結果がでなくてもがんばり続けよう」という思いをもたせることができます。あとは，この思いを１年間持ち続けることができるように，教師はいろいろな場面で，「結果ではなく過程が大切である」という実践を積み重ねていくのです。

トークのメニュー

- （最初に３年の理科で豆電球の学習をしたことを思い出させます）電球を発明したのはだれでしょう？
- エジソンは電球を発明するまで何回実験を失敗したのでしょうか？
- 正解は１万回です。できなくても，あきらめずにがんばり続けることが大切なんですね。（その後，授業の振り返りを書かせます。時間があればその場で発表。時間がなければ後日学級通信等で紹介します）

4年生の理科の教科書を配ったあと,「そういえば,3年生のときに豆電球の実験をしたよね?」と話を振って,この話をします。

　では,問題です。エジソンは電球を発明するまでに何回ぐらい実験を失敗したでしょうか? (理科の時間なら,ノートに書かせるところですが,今日は出会いの日のトーク。いきなり,列指名でテンポよく発言させます。「50回です」「28回です」「72回ぐらい」「800回」といった回答が続きます。「800回」や「1000回」に対しては,「大きく出ましたねぇ」というリアクションを返していいのですが,明らかに受けねらいの「35億」的なものは軽くスルーして,教師が笑いを取りましょう)

　正解は,黒板を使って発表します。答えが数字の場合,一度にすべて書くのではなく,少し書いては間をあけ,1桁ずつじらしながら書いていくと,教室の雰囲気が確実に盛り上がります。

　実は,いろいろと説があって,本によって数が違うみたいですが,先生が調べたのを発表します。(黒板に次の数字を書きます)「10」(しばらく間をおいて,黙って数字を書き加えます)「100」(1回,1回間をあけます。そのたびに子どもたちはリアクションをするはずです)「1000」(そして,次が最後になります)「10000」(「え～～っ!」と子どもたちは大騒ぎ)

　最後に,教師の想いを述べたあと,連絡帳に感想を書かせます。振り返りを書かせるのは,連絡帳でなくてもかまわないのですが,保護者も目にするかも…というちょっとあざとい思いもあります。

　エジソンは,1万回失敗してもあきらめずに実験を行ったのです。もし,エジソンが9999回でやめていたら,電球が発明されるのはもっと遅れたでしょうね。**できなくても,あきらめずにがんばり続けることが大切です。**みんなはこの話を聞いて,どう思いましたか? 今から,連絡帳に,エジソンの話を聞いて思ったことや学んだことを書いてください。

6 人はそれぞれ違うものです（4年）

話し始める前に

　劇作家の平田オリザさんは，「人それぞれ言葉から受けるイメージが違う（『演技と演出』）」と述べています。オリザさんは，そのことを「コンテクストのずれ」と称しているのですが，この「コンテクストのずれ」は，何も言葉だけに限りません。自分が普通だと思っていることが，他の人にとってはそうではなかったというずれから，誤解が生じ，人間関係がうまくいかなくなることがあります。最初から「コンテクストのずれ」があるものだと意識して，他の人とも接することができれば，ちょっと立ち止まって考えることもできるはずです。

トークのメニュー

- 1～50までのカードを配り，小さい数字のカードを引いた人は小さいもの，大きい数字のカードを引いた人は大きいものをつくっている会社の人という設定で，その人がつくっているものを聞き，持っているカードの数字を当てるというゲームを行うことを説明します。
- 同じ数字でも，人によってイメージが違いましたね。「人はそれぞれ違う」ということを忘れないでくださいね。

カードの束を見せて，カードには1〜50までのどれかの数字が1つ書かれていることを告げ，子どもたちにカードを1枚ずつ配ります。

　全員起立。小さい数字のカードを引いた人は小さいものを，大きい数字のカードを引いた人は大きいものをつくっている会社に勤めています。自分のカードの数字を見て，何をつくっているのか決めてください。何をつくっているか決まった人は座りましょう。

　全員が座ったのを確かめて，ルールの続きを説明します。ルールが書かれた模造紙を黒板に貼りながら説明することをおすすめします。

　今から5分の間に，パートナーを探します。自分の数字に近い人を見つけてください。番号は他の人に見せてはいけません。番号以外は何を話してもかまいません。何をつくっているか言ってもOKです。パートナーが決まったら座ってください。ただし，カードはまだ見せないでください。

　時間が来たら答え合わせをします。「冷蔵庫です。22番」「自動車です。26番」というように，つくっているものと番号を発表していくのです。同じ冷蔵庫でも，22番の子もいれば，48番の子も出てきます。全員の答え合わせが終わったら，このゲームの感想を聞きます。「同じものをつくっていても，数字が違うのがおもしろかった」という感想を受けて話します。

　そうですね。冷蔵庫なんて，22番もいれば，48番もいました。人はそれぞれ感じ方が違うものなんです。でも，どちらかが間違っているわけではありません。「人はそれぞれ違う」それでよいのです。その人にとっての普通を他の人も普通であると思い込むから，「なんであの人はあんなことするの」「なんでわかってくれないの」と，誤解したり腹を立てたりするのです。最初から違うと思っていれば，「ちょっと待てよ」と落ち着いて考えることができます。友だちそれぞれの普通を大切にできるクラスにしたいですね。

（俵原　正仁）

第5章 クラスがギュッとまとまる！
学級づくりのゲーム＆アクティビティ

1 学級開き当日にできる短い活動❶ （3年） …………80
2 学級開き当日にできる短い活動❷ （3年） …………82
3 友だちづくりや学級づくりの活動❶ （3年） …………84
4 友だちづくりや学級づくりの活動❷ （3年） …………86
5 友だちづくりや学級づくりの活動❸ （3年） …………88
6 学級開き当日にできる短い活動❶ （4年） …………90
7 学級開き当日にできる短い活動❷ （4年） …………92
8 友だちづくりや学級づくりの活動❶ （4年） …………94
9 友だちづくりや学級づくりの活動❷ （4年） …………96
10 友だちづくりや学級づくりの活動❸ （4年） …………98

Chapter 5

1 学級開き当日にできる短い活動❶(3年)

ノリノリで自己紹介をしよう!

所要時間:15分

ねらい

出会いの場を盛り上げ,笑顔いっぱいで学級のスタートを切る。

準備物

なし

活動の概要

❶活動のルールを知る

手拍子	○○○●	○○○○○○●	○○○●	…
言葉	「どうぞ」	「(名前)です」	「次の人」	…

「最初は『どうぞ』,次からは『次の人』と言って止まることなく回す」
「○と●の部分は全員で手拍子をし,「どうぞ」と「次の人」は全員で」
「○を手拍子している間に自己紹介をする(●は言わない)」
「7文字ではなく7拍に言葉を入れる(たくさん文字数を言いたいときは早口で)」
「どうしても思いつかないときは「考え中です」もOK(○の中で)」
という5点を伝えます。

❷活動に入る

　メンバー（4，5人）の顔が見えるように円になります。まずは，個人で自分の名前を言って7拍に入れる練習をします。そして，1周目は名前，2周目は好きな遊び，3周目からは自由などを示して，自己紹介を始めます。

❸さらに盛り上がる

　次のような工夫を加えることで，さらに盛り上がります。

合いの手

　●のところに合いの手を入れます。
　（例「ヘイ！」「イェイ！」「ソレ！」）

速度を変える

　全体を速くしたり，遅くしたりすることで，7拍の中に言いたいことを入れる難易度が上がります（変なところで伸ばしてしまったり，最後まで言いきれずにすごく早口になってしまったりする）。

踊りながら

　手拍子に合わせてみんなで踊りをつけます。

（土師　尚美）

2 学級開き当日にできる短い活動❷（3年）

グループ全員乗れるかな？

所要時間：25分

ねらい

　1枚の新聞にできるだけたくさんの友だちが乗る活動を通して，グループで協力する力や仲間意識を高める。

準備物

- 新聞紙1日分（3枚ほど重ね，端をガムテープで補強したもの）
- 1と2のどちらかが出るサイコロ（くじでもよい）

活動の概要

❶活動の目的を知る

　「友だちと協力する力を高めること」
　「学級のみんなが仲良くなること」
という2点を伝えます。

❷活動の内容を知る

　「今から4チームに分かれます。この新聞の上に，同じチームの人ができるだけたくさん乗れるように協力してください。最後までだれも落ちなかったチームの勝ちです。時間は15分です」

以上のように伝え,約8人のチームを4つつくります。

❸活動の留意点を知る

「声をかけ合って乗り方を工夫すること」
「自分たちのチームが勝てるように見ている人もアドバイスすること」
という2点を伝えます。

❹活動に入る

　教師がサイコロを転がし,出た目の数だけ新聞紙に乗っていきます。男女混合チームにすると,はじめは子ども同士の距離がありますが,チーム対抗となると,勝ちたい気持ちが強くなるため,手をつないだり,体を支え合ったりしてバランスをとり,どんどんと打ち解け合う様子が見られます。
　発展編として,
・新聞紙を広くしてチームの人数を増やす。
・各グループのリーダーが先生とじゃんけんをして負けると1人増える。
など,ルールを変えて楽しむこともできます。

（樋口　綾香）

3 友だちづくりや学級づくりの活動❶ (3年)

だるまさんが「手をつないだ」をしよう！

所要時間：15分

ねらい

たくさんの人と手をつなぐことが必要になるゲームを通して，みんなで遊ぶ楽しさを感じさせる。

準備物

なし

活動の概要

❶活動のルールを知る

「基本的なルールは，『だるまさんが転んだ』と同じ。『だるまさんが手をつないだ！』とオニが言う間に，オニに近づいていく」

「オニが振り返ったときに，だれかと手をつないでなかったり，動きを静止させてなかったりするとアウト」

「ただし，同じ人と連続で手をつないではいけない」

という3点を伝えます。

❷活動に入る

だれもが一度はしたことがある「だるまさんが転んだ」の応用バージョン

なので取り組みやすく，しかも，必ずだれかと触れ合うことが必要になるので，男女の間が少しずつ離れていく中学年におすすめです。

オニを決めて，ゲームを始めます。最初は先生がオニから始めるとスムーズに活動できるでしょう。その次からは，希望者や本来の「だるまさんが転んだ」のように，オニにタッチされた人が続いてもよいでしょう。

活動は，ある程度広いところで行いましょう。オニが顔を伏せられる壁や木があるとよいでしょう。

❸さらに盛り上がる

次のような工夫を加えることで，さらに盛り上がります。

人数を変える

「だるまさんが3人で手をつないだ」のように，人数を変えていきます。

つながり方を変える

「背中がくっついた」「肩を組んだ」など，つながり方を変えます。

○○さんとつなぐ

「3班の人と手をつないだ」「名前のはじめに『か』がつく人と手をつないだ」など条件をつけます。

（垣内　幸太）

4 友だちづくりや学級づくりの活動❷（3年）
ハンカチを持っているのはだれ？

所要時間：25分

ねらい

うまくできてもできなくても，グループで楽しむことで，仲間の大切さを実感させる。

準備物

●打楽器（教師が拍を打つもの。カスタネットやタンバリン等）

活動の概要

❶歌詞を覚える

```
♪さらわたし♪
 さらわた　さらわたし　しずかにわたせこがねのように
 おにのしらぬうちに「いいよ」
```

何度か教師と一緒に歌い，子どもたちだけでも歌えるようにします。

❷活動のルールを知る

「オニのまわりに丸くなって座り，歌に合わせてハンカチを回していく」

「歌が終わったら（「いいよ」に合わせて）全員両手を後ろにする」
「おにの…」からオニは目をつぶり，「いいよ」の後に目を開け，だれがハンカチを持っているかを当てる」
という３点を伝えます。

♪　さ　　　　ら　　　　わ　　　　ー　　　た　…

❸活動に入る

　動きに慣れるまでは，教師の打楽器の（拍を打つ）音に合わせながら遊び始めるとわかりやすいでしょう。

　最初はうまくできませんが，グループみんなで焦りながらも協力してハンカチを隠すことも楽しめます。

　慣れてきたら，友だちと同じ拍を感じてハンカチを回すので，一緒に遊ぶ心地よさや一体感も味わうことができます。

（土師　尚美）

5 友だちづくりや学級づくりの活動❸（3年）

風に強いロボットを
つくろう！

所要時間：45分

ねらい

　グループで話し合ったり，制作したりすることを通して，協力して活動する態度を養う。

準備物

- ウレタン素材の様々な形の立体（できるだけたくさん）
- セロテープ（1グループ1つ）
- 風を起こすアイテム（うちわ，扇子，ラップの芯，ストローなど）

活動の概要

❶活動の内容を知る
　「風に負けないような強いロボットをグループで協力してつくる」
　「最後にコンテストを行う」
という2点を伝えます。ロボットの高さは50cm未満，ロボットの足の部分は細い筒の形，の2点もはじめに統一をしておきます。

❷材料を選ぶ
　風に強いロボットをつくるためにどの材料がほしいか，グループで話し合

って取りに来させます。その際，ほしい材料が他のグループと同じになった場合は話し合いをして決めさせます。

❸ロボットをつくる

セロテープでくっつけながらロボットを完成させます。早くできたグループにはマーカーを渡し，顔や模様をかかせるとよいでしょう。

❹コンテスト（対決）をする

風を起こすアイテムを何種類か準備しておいて，どれを選ぶのかをグループで相談させます。特大のうちわを準備すると盛り上がりますが，安全のための配慮が必要です。

対決は1対1で行います。相手チームのロボットを先に倒したチームの勝ちとします。対決してみて，「もっとこうつくればよかった」という気づきが生まれることも多いので，1回戦後にロボットを改良する時間を与えるとよいでしょう。

（森村　俊輔）

6 学級開き当日にできる短い活動❶（4年）

一緒で仲良し！

所要時間：10分

ねらい

先生や友だちと同じポーズになることをゴールとするゲームを通して，学級の一体感を醸成する。

準備物

なし

活動の概要

❶活動のルールを知る

「リズムに合わせてポーズをとること」
「先生（友だち）と同じポーズになれば勝ち」
という2点を伝えます。

❷活動に入る

「あいこじゃんけん」は，やったことがある方も多いのではないでしょうか。勝ち負けを目指すのではく，同じものを出すこと，つまり「あいこ」をゴールとするじゃんけんです。このゲームでは，体を使って「あいこ」を目指し，いろいろなポーズを取り入れていきます。次のように，リズムに合わ

せて行います。
先　生「あーいこ，あいこ♪　あーいこじゃんけん♪　グー（ポーズ）」
子ども「グー（ポーズ）！」
先　生「チョキ（ポーズ）」　　子ども「チョキ（ポーズ）！」
先　生「パー（ポーズ）」　　　子ども「パー（ポーズ）！」
みんな「せーの，ポーズ！」（先生と一緒のポーズなら OK！）

❸さらに盛り上がる
リーダー役を子どもに
　教師がリーダーになるばかりではなく，子どもにしてもらうのもよいでしょう。また，「いろんな友だちとやって，5人とあいこになったら座りましょう」といった形も盛り上がります。

おもしろポーズを取り入れる
　「グー，チョキ，パー」のところを変えます。動物のポーズを入れたり，流行りのお笑いポーズなどは大いに沸きます。

1日の最後にも
　初日に盛り上がれば，次の日からは「さようなら」の前に取り入れても1日が笑顔で締めくくれます。

（垣内　幸太）

7 学級開き当日にできる短い活動❷（4年）

何が見えてくるかな？

所要時間：25分

ねらい

トリックアートを見て，同じ絵でも2通りの見方・解釈ができることを経験させ，多角的に物事をとらえる必要性に気づかせる。

準備物

● トリックアート（掲示用と配付用）

活動の概要

❶絵が何に見えるかを考える

裏向きでプリントを配付し，一斉にめくらせ，「この絵は何に見えますか？」と問います。
「うさぎ」「カモ」「両方」「見えない」のどれかに挙手させ，立場をはっきりさせます。

❷双方の見方ができるように説明し合う

「どこをどう見たら，カモ（or うさぎ）かな？」と投げかけ，隣同士ペアで説明し合う時間を設ける。

❸別のトリックアートを見て，何に見えるか考える

別のトリックアートを提示し，「この絵，何に見えますか？」と問うと，今度は，教室の至る所から「見えた！」「見えない！」という声が上がるでしょう。班で解釈し合う時間を十分設け，全員が２通りの見方ができるようにします。

❹活動の目的を考えるとともに説明する

子どもに感想を尋ね，肯定的に受け止めます。また，「この活動を通して，先生は何を考えてほしいと考えたと思う？」と尋ね，「物事をいろいろな角度から見て，様々な見方ができるような１年にしていこう」と活動のねらいを押さえます。

（小林　秀訓）

8 友だちづくりや学級づくりの活動❶（4年）

アイコンタクトで
心を合わせて手をたたこう！

所要時間：30分

ねらい

　自分と友だちの目を見て心を合わせることで，相手への思いやりやコミュニケーション力を育てる。

準備物

　なし

活動の概要

❶活動の目的を知る

　「友だちの目を見て，心を合わせる」
　「心合わせには，みんなの団結力が必要」
という2点を伝えます。

❷活動の内容を知る

　「まず2チームに分かれます。一言もしゃべらず，アイコンタクトだけでどれぐらい友だちと心を通わせられたかをタイムで競うゲームをします。2チームがそれぞれ1列に並び，一番前の人が後ろを向いて，2番目の人と向かい合わせになります。そして，アイコンタクトをとりながら，友だちと同

時に手をたたくことができたら，1番目の人は座ります。同時にたたけなかったら，列の最後に並び直します。早く全員が座り終わったチームの勝ちです」
　以上のように伝え，2列縦隊に移動させます。

❸活動の留意点を知る
　「手をたたくときや見ているときに絶対に声は出さないこと」
　「走って移動せず，歩くこと」
という2点を伝えます。

❹活動に入る
　はじめに練習の時間をとります。この練習が一番コミュニケーションが生まれる時間になります。どうすれば心が合わせられるか，手の開き方や，目で合図する方法などをそれぞれが考え出し，話し合います。5分～10分くらいとってあげましょう。また，ゲームの最後には，学級全員と先生がアイコンタクトで心合わせをすることをおすすめします。

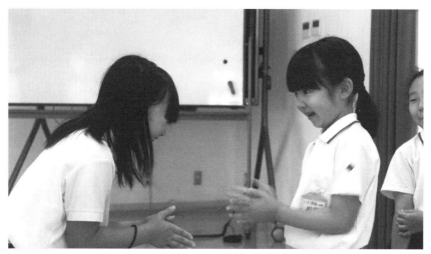

（樋口　綾香）

9 友だちづくりや学級づくりの活動❷（4年）
人間カーリングをしよう！

所要時間：15分

ねらい

　チームの仲間と協力して，仲間を乗せた台車を押して的に近づけるためにどうすればよいか考えさせる。

準備物

- 台車（跳び箱運搬用の台車など）
- 的となるもの

活動の概要

❶活動のルールを知る

　「台車に乗った人の背中をチームで押す」
　「より的に近い方の勝ち。（距離による得点制にするのも可）」
　「乗る人を交代して行い，合計勝ち数（点数）の多いチームの勝ち」
という3点を伝えます。

❷活動に入る

　カーリングというスポーツをご存じでしょうか。氷上にストーンを滑らせ，どちらがより的に近づけることができるかを競うスポーツです。このストー

ンの代わりに，人間を滑らせてしまおうというのが「人間カーリング」です。チームの気持ちを合わせることが必須です。

ただし，人間をそのまま滑らせるわけではありません。車輪のついた台車に乗って滑らせます。このための台車がつくれればよいのですが，とび箱運搬の台車などで代用できます（普段はこういった使い方はしないことをしっかり押さえておきます）。

的は，バスケットのフリースローサークルなどを利用します。またはコーンなどを立てておき，より近づけることを目指します（当たるとアウトのルールも盛り上がります）。

❸さらに盛り上がる
ゴルフ形式
交代で押して，的に何回でたどりつくかを競います。

みがき（スウィーピング）役
ほうきを持って，台車の進む前を磨きます。氷上と違い，床を磨いたところであまり意味はないのだが，この動作がとにかく盛り上がります。

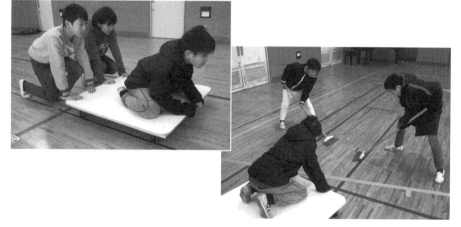

（垣内　幸太）

10 友だちづくりや学級づくりの活動❸（4年）

声を出さず，動きだけで
伝え合おう！

所要時間：30分

ねらい

　声を出さず，動きだけで考えを伝える活動を通して，友だちとのつながり，一体感を感じさせる。

準備物

●動画を撮影できる機材

活動の概要

❶活動のルールを知る

　「声を出さないこと」
　「動きだけで考えを伝え，お題の順番で早く1列に並んだ方や，お題のように早くグループ分けできた方が勝ちであること」
という2点を伝えます。

❷活動の留意点を知る

　「男女対抗で競うこと」
　「しっかりと見つめ合って，相手の考えを読み取ることが勝つポイント」
という2点を伝えます。

❸活動に入る

　男子または女子から始め，終了後交代します。

　お題は「身長順に並ぶ」など，見た目でわかりやすいものから始めます。

　教師は，時間を計測しながら，並んでいる様子を動画で撮影します。

❹動画を見て振り返る

　動画を見ることで，自分たちの姿を見て楽しむだけでなく，工夫された動きを見て，まねる子どもが出てくることや作戦を立てるチームが出てくることにも期待したいところです。

❺お題を変えて活動を続ける

　少しレベルアップを図り，「誕生日順に並ぶ」「好きな教科別にグループに分かれる」など，見た目ではわからないお題で活動を続けます。

(小林　秀訓)

第6章

クラスがどんどんうまくいく！
学級づくりの工夫＆アイデア

1 「学級目標づくり」の工夫＆アイデア ……………………………………102
2 「朝の会」の工夫＆アイデア ……………………………………104
3 「給食当番」の工夫＆アイデア ……………………………………106
4 「掃除当番」の工夫＆アイデア ……………………………………108
5 「係活動」の工夫＆アイデア ……………………………………110
6 「帰りの会」の工夫＆アイデア ……………………………………112
7 「学級通信」の工夫＆アイデア ……………………………………114
8 「連絡帳」の工夫＆アイデア ……………………………………116
9 「はじめての保護者会」の工夫＆アイデア ……………………………………118

Chapter 6

1 「学級目標づくり」の工夫&アイデア

あいうえお作文で覚えやすい目標に

　まず，次回の学級会で学級目標を決めることを伝え，事前に一人ひとりに「こんな学級にしたい」という思いをもたせる準備期間を設定します。1年間を通した目標であり，はじめての共同作品でもあるので，みんなでつくるという意識が大切です。学年や学級の実態に応じた目標を立てられるよう，「このクラスのよいところ，変わってほしくないところはどこですか？　また，レベルアップするために，こうなりたいと思うところはどこですか？」と投げかけます。せっかく目標をつくっても，「学級目標ってなんだっけ？」と忘れてしまうのはもったいないですね。そうならないように，あいうえお作文で目標をつくることで，覚えやすく，意識しやすいものにします。

「クラスのマーク」とともに掲示する

　学級目標とともに，クラスのマークを学級会で話し合ってつくります。マークをつくる際は「にこにこ笑顔のクラスにしたい」「協力できるクラスにしたい」など，子どもたちの思いを出させたうえで，形にしていきます。マークがあることで，教室掲示が華やかになりますし，一人ひとりの所属意識も高めてくれます。小さく切った画用紙やペンを用意しておき，分担すれば，短時間で素敵な目標ができ上がります。

　筆者は，このマークを音読カードや移動教室のしおり，学級通信のタイトルなどに活用しています。ハンコにして，ノートなどに押すこともあり，子どもたちはとても喜んでいます。

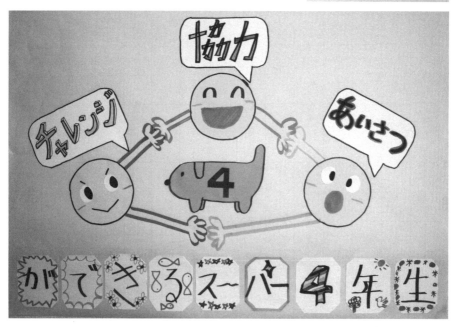

（森田　諒子）

2 「朝の会」の工夫&アイデア

司会がスムーズに進行できるように

　朝の会の流れは，司会が見やすいよう教室後方に大きく掲示すると，人前で話すのが苦手な子どもでも自信をもって進行できます。また，学年が変わったときに極端に進め方が変わらないよう，これまでの進め方を確認します。下記②の元気調べでは，一人ひとり呼名し，元気かどうかチェックします。欠席者の欠席理由を伝えることで，教師も子どもたちも一人ひとりを大切にする雰囲気づくりができます。前日まで病欠していた子どもには，元気になってよかったと笑顔で伝えると気持ちよく1日がスタートできます。③の詩・百人一首の暗唱は宿題にしておき，週2回程度取り組みます。また，週3回はテーマを設定したスピーチも行い，話す・聞く力や表現力を育てます。

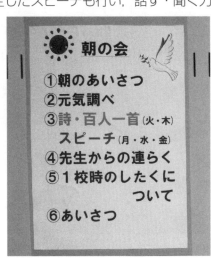

大切な連絡は視覚的に伝える

　毎朝，担任から連絡したいことはありますが，まだ集中しきれていない朝の時間にいくつもの連絡を理解するのは大変です。どうしても忘れないようにしてほしい内容は，ホワイトボードに記入し，黒板などの目につくところに掲示します。ホワイトボードがなければ，白い画用紙をラミネートしたものにひもをつけて使ってもよいでしょう。ホワイトボード用マーカーで書き，霧吹きなどで少し水を含ませた布で拭き取るときれいに消え，便利です。

スピーチが楽しくなるように

　スピーチが嫌いな子どもは多いと思います。人前で話すことが苦手な子や，何を話せばよいかわからない子など，理由は様々です。

　そこで，学級の実態に応じて，テーマサイコロを使ってテーマを前日の帰りの会で決めたり，5，6人のグループで聞き合ったりします。テーマは，「家族・友だち自慢」や，「今，はまっていること」などいろいろ考えられますが，「大当たり」（＝自由テーマ）を入れると，子どもたちは喜んで話す内容を考えてきます。

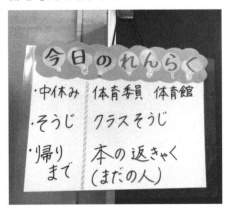

（森田　諒子）

3 「給食当番」の工夫&アイデア

当番最大の難関

　配膳後の食缶を一度で空にする。これは大人がやってもなかなか難しいものです。先に多く配りすぎて後から回収したり，後半の盛りつけが山盛りになったりします。そこで，4月からこれができたらすごいと常に言い続け，食缶を一度で空にすることを目指します。できたときはみんなで称賛し合います。

食缶を一度で空にする配膳を目指します

タイムを計り,目標をもたせる

　早くてきれいに配膳した方がよいのですが,4月はあまり連携が図れず,短い時間で配膳することができません。そこで,配膳の最初から最後までのタイムを計るよりも,まずは,手を洗い給食着を1分30秒以内に着て,配膳が始められたらすごいことを伝えます。

　給食着を着るのを早くするだけで,よいリズムが生まれます。すると,だんだん配膳時間も短くなっていきます。目標が達成できた当番を写真に撮り,教室に掲示します。一緒に目標を達成した仲間とは人間関係の距離も近づきます。

　3学期に,1年間の成長を感じさせるためにも,4月の配膳時間を記録しておくとよいでしょう。必ずタイムは短くなります。4月はこれだけの時間がかかっていたということを知るだけで,自分たちの成長を実感できます。

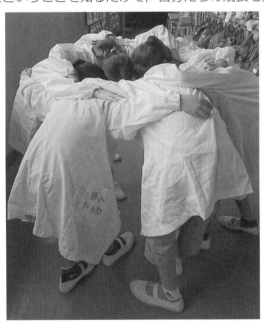

給食当番が円陣を組んで,きれいな配膳で目標タイムを目指します

（河邊　昌之）

4 「掃除当番」の工夫&アイデア

高学年との連携

　高学年の掃除を見学しに行かせます。高学年の担任にお願いをして，掃除の様子を見させてもらうのです。高学年生のがんばる姿は，中学年生にはとてもよい刺激になります。そして，2か月後には掃除を逆に見てもらうなど，成長した姿を見せる目標をもたせると，子どものやる気が変わります。事前に高学年の子どもには，中学年には憧れの存在であることを伝え，かっこいい姿をお願いしておきます。

掃除用具がない掃除

　ほうきやちりとりが使えない1日を設けます。ほうきとちりとりがもしもなければ、どうやって掃除をするのか体験させ、「ものがあって当たり前」ではなく、「あってありがたい」ことを教えます。

　ごみは拾い集めないといけません。教室内の砂やほこりはなかなかとれません。雑巾がけを行うと、今まで以上にザラザラした床を拭かなければなりません。こうして、ほうきやちりとりの番が回って来たときは、がんばらなくてはいけないことを実感させます。掃除当番は、出席番号や班で順番に回していくことが多いと思います。だからこそ、掃除道具を使うありがたさを教え、道具を使う人は、その道具の特性を生かし、掃除をしていくことを伝えます。

（河邊　昌之）

5 「係活動」の工夫&アイデア

係活動を盛り上げる

　朝の会か帰りの会に「学級づくり」の時間を毎日3分程度つくります。「学級づくり」とは，係活動や係活動以外のクラスをよくする活動を行う時間で，学級をよりよくするための活動時間です。

　学級をよりよくするための活動時間をつくることで，気づく力を身につけさせます。気づく力を育てることで，係活動にも活気が生まれたり，今までにない係が生まれたりします。

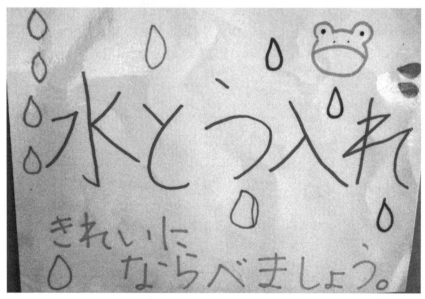

水筒置き場に貼られたポスター

活動につながる３つの視点

いきなり「学級をよりよくするための活動を教室内で自由にやりましょう」と言われても，何をしてよいのかわからない子どもの方が多いでしょう。しかし，よく教室を見回すとできる活動はいくらでもあることに気がつきます。

そこで，３つの視点を教え，活動を促します。

①きれいかな
- 黒板（消し）はきれいかな
- 窓（サッシ）はきれいかな
- 床はきれいかな
- 机（中）はきれいかな

②整っているのかな
- 本棚は整っているかな
- 掃除用具入れは整っているかな
- 雑巾は整っているかな
- 掲示物は整っているかな

③何かつくってみようかな
- 学級文庫の本紹介のポップ（掲示物）をつくってみようかな
- 学級新聞をつくってみようかな
- 集合写真の写真立てをつくってみようかな

絵が上手な子どもが学級掲示物として季節に合わせた絵をかきます

（河邊　昌之）

6 「帰りの会」の工夫&アイデア

司会がスムーズに進行できるように

　帰りの会を下の写真の流れで進めます。③の「今日のキラキラ」とは，クラスでがんばったこと，個人的にがんばっていた人，親切にしてくれた人などを発表する場です。ミニカードに書かせて画用紙に貼り，掲示する方法もありますが，時間がとれない場合もあるため，発表し，その数だけペットボトルの中にビー玉をためていきます。学年が終わるまでにペットボトルをいっぱいにすることを目標にすると，目に見えるため，発表や実践の意欲が高まります。発表者に偏りがある場合，班ごとに曜日を決めて発表させます。ビー玉はビーズ等でもよいですが，カラフルなものがおすすめです。

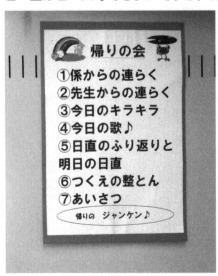

大切な連絡は視覚的に伝える

　誕生月の子どもと歌係を中心に,「今月の歌」を決め,帰りの会でみんなで歌います。歌は,その日の日直が決め,時間の関係を考慮し,1番のみの日や2番のみの日をつくります。歌集から歌を選ばせることで,歌詞は掲示しなくても歌うことができます。誕生日には,バースデーソングを歌い,季節に合った歌も積極的に取り入れるようにします。

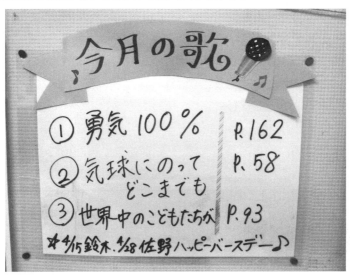

日直の役割はしっかりと

　日直の仕事も掲示し,できたらマグネットで表示するようにしています。⑤の「日直のふり返り」では,すべての仕事をパーフェクトにこなせた子どもに拍手を送ります。また,翌朝気持ちよく1日が始められるように,机をきれいに整頓してから下校させます。さようならのあいさつの後のジャンケンも子どもの楽しみの1つになります。

（森田　諒子）

7 「学級通信」の工夫&アイデア

学級の様子を濃縮したエッセンス

　はじめに、学級通信は誰に向けて何を書くかをはっきりさせましょう。行事予定や学習内容は、学年便りがその役を担っていることが多く、学級通信で同じ内容を伝えると、かえって混乱が生じます。

　学級通信は、学級の様子を濃縮したエッセンスと考えましょう。筆者は、毎回「喜怒哀楽」の4パートに紙面を分割し、学級のエピソードを載せています。喜怒哀楽のよいところは、「怒」も遠慮なく書けることです。発行の回数にとらわれることなく、学級通信づくりを楽しんでください。

```
いぬのしっぽ

喜
・休み時間に、なわとびの練習を自分
たちで始めていたことにうれしくなり
ました。小さいことだと思うかもしれ
ませんが、先生は全員の心がひとつに
なる大きな一歩だと感じました。

怒
・時間を守ることは誰にでもできます。
誰でもできますが実行するのはむずか
しいのです。ポイントは……。みんな
で声をかけあうのも一つです。ほかに
も方法があると思います。考えてみて。

哀
・少し悲しい話を。くやしいに近いの
ですが、だれも気が付いていないので
ここに書きました。図工の時間がおわ

楽
・スキップってできますか？1年生に
さそわれて業間休みにスキップをした
のですがすごく楽しかったです。ただ
```

たくさんの子どもを登場させる工夫

　担任としては，全員1人一度は紙面に載せたいものです。誕生日をお祝いするという方法もありますが，ここではもうひと工夫してみましょう。
　学年はじめにおすすめなのが，「私はだれでしょうクイズ」です。5つのヒント（特技や将来の夢）から推理します。答えは翌日に発表します。

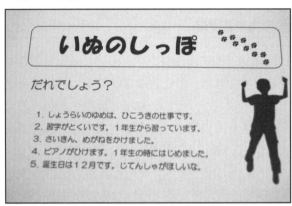

　もう1つは，「名前でクロスワード」です。学級での出来事や名前でクロスワードパズルを作成します。様々なエピソードを紹介できる利点もあります。

（多田　幸城）

8 「連絡帳」の工夫&アイデア

連絡帳で視写の力を高める

　保護者が毎日見るノートは連絡帳です。国語のノート指導はするのに，連絡帳の指導はせず，字が雑ということはないでしょうか。保護者が見るからというわけではありませんが，きれいな字で書かせたいものです。そこで，連絡帳を視写の活動として位置づけることをおすすめします。

　視写の力が高まると，速く正確に写せるようになるのと同時に，「文節や言葉のまとまり」「意味のまとまり」を把握する力が高まります。そして，「まとまり」で文章をとらえられるようになると，一度に記憶できる情報量が増える効果も期待できます。新学期が始まるときに，子どもたちに意識づけをしてみてはいかがでしょうか。

毎日使うからこそプラスαの取組を

　連絡帳は毎日書きます。だからこそ，そこに学年に合わせたプラスαの取組を加えてみてはいかがでしょうか。短時間で継続した学習を行うことができます。

　3年なら，持ち物や予定の一部をローマ字で書くことで，ローマ字の定着を図る取組がおすすめです。

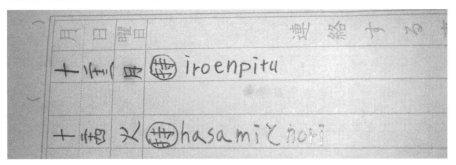

　4年生なら，漢字辞典の学習に関連させて，毎日1文字辞書を引く取組がおすすめです。

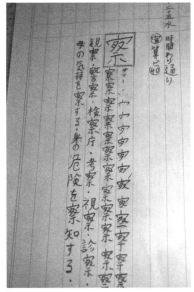

（多田　幸城）

9 「はじめての保護者会」の工夫＆アイデア

自己紹介でしゃべりすぎない

　保護者会のスタイルはいろいろですが，担任として自己紹介をする場面は必ずあると思います。その際に，緊張していると，ついしゃべりすぎてしまいます。

　そこで，初対面の人とは，共通点が多いほど親密度が上がるという知見を利用した，「同じところ探し」をしながらの自己紹介をおすすめします。小学生のころのエピソードや，失敗談を入れると和やかな雰囲気で進めることができます。

担任になりました　多田　幸城（ただ　こうき）と申します。

自己紹介をさせていただきます。

私と皆様との共通点があればうれしく思います。

	私と同じですか？
体育が苦手です。 ドッジボールをするときは、すみっこに逃げていました。	○・×
得意な教科は「理科」です。 （20代のころは中学校で理科の先生をしていました。）	
食べ物の好き嫌いがたくさんあります。 小学校のころは、そうじの時間まで食べさせられていました。	
結婚して、子どもが2人います。 （上の子は女の子、下は男の子です）	

卓上ネームプレートを活用して保護者同士のつながりを

　保護者会は，学級の経営方針等を伝える他に，保護者同士が顔見知りになり，子どもの交友関係を把握することも目的の1つです。そのためにも，下のような卓上ネームプレートの活用をおすすめします。

　保護者会の後半に，子どもの発達段階にあったテーマ（お小遣いや宿題をやる時間，就寝時間）について，小グループで意見交換をする時間を設けることが効果的です。

　ネームプレートに賛成・反対の表示をつけているのは，学級会や道徳の時間での活用を想定しているためです。

（多田　幸城）

第7章 パッと使えて効果絶大！達人教師の学級開き小ネタ集

1　3年生の小ネタ集 ……………………………………………122
2　4年生の小ネタ集 ……………………………………………126

Chapter 7

1 3年生の小ネタ集

自己紹介は「マイ・ホムンクルス」で

　大脳に割り当てられた体の各部分の相対的な大きさに従ってつくられた人形を「ペンフィールドのホムンクルス」(以下「ホムンクルス」)と言います。
　ヒトのホムンクルスは，頭部(特に唇と舌)および指先の神経が発達し，極端に肥大しています(図1)。なお，イヌのホムンクルスであれば鼻(図2)，コウモリであれば耳(図3)が肥大化しているでしょう。

図1　　　　　図2　　　　　図3

　説明の後，子どもたちに「自分のホムンクルス」をかかせます。左利きの子は左手を，サッカーが得意な子は足を大きくかくかもしれません。それらをクラスで紹介し合うという自己紹介です。大いに盛り上がります。
　なお，ホムンクルス自己紹介の真のねらいは，次のようなことです。
●子ども自身が思っている「敏感なところ」「長所」「拠り所」「頼りにしていること」などがわかる(苦手なことや未発達なところもわかる)。
●「この子のホムンクルスはどんなかな?」と想像する訓練を積むことで，教師自身の子どもを見る目が鍛えられる。

棚・フック・ロッカー・掲示物は朝礼順の学校ユニバーサルで

　子どもの下駄箱や掲示物，それに整列の並び順，これらを朝礼の順に合わせてみませんか？　次のようなメリットがあります。
- 子ども本人が，自分の場所を覚えやすい。
- 子どもの持ち物について，第三者が探したり，届けたりしやすい。
- 短時間で作品を掲示できる。
- どのクラスよりも，どの学年よりもすばやく並ぶことが可能である。
- 遠足…運動会・学習発表会等，さまざまな場面で教師が子どもを並ばせる手間と労力を大幅に削減できる。

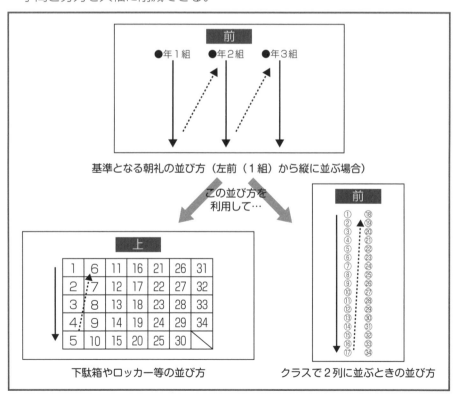

Aさせたいなら，「なぜAなのか？」と問う

「Aさせたいなら，Bと言え」という，大変有名な実践があります。年間を通じ，その応用を行っていきます。

> 子どもたちにAさせたいとき，
> 「なぜAは〜なのか？」
> 「どうしてAでなければならないのか？」
> というように，Aを大前提として子どもに問いかける。
> 　Aである理由を教師は言わない。

　人は，「Aしなさい」と言われると，時に反発するものです。しかし，Aを前提に，「なぜ？」「どうして？」と聞かれると，Aのことではなく，理由を考える方に注意が向きます。そうやって，Aに対する反発を逸らしながら，Aである理由を考えさせるうちに，Aが必然となり，ストンと落ちるようになるのです。自分で主体的に考え出した理由ですから，反発が起きようはずがありません。

　「なぜ，つまらない話も黙って聞かなければならないのでしょうか？」
　「なぜ，給食のときは，机に布巾を敷かねばならないのでしょうか？」
　「ノートを書くとき，下敷きを使用するのはどうしてでしょうか？」
　「体育館では，なぜ体育館履きを履かねばならないのでしょうか？」

　ポイントは，「なぜ・どうして」以下の理由をこちらが示すのではないということです。最後まで示す必要さえありません。また，教師に明確な理由がなくても構いません。子ども自身に考えさせ，それをクラスから出た理由として一つひとつ，尊重する態度こそ大切です。子どもが自ら理由を考え出したルールの場合，子どもが自ら従おうとします。教師が「ルールだから従え」と厳命するよりも，はるかに効果があるのです。

掲示物は貼り替え頻度別の上下分け掲示で

　壁面は上下に区切り，教師も子どもも手が届きやすい低い位置には毛筆作品，高い位置には１年間手をつけない学級目標等の配置はいかがでしょうか。

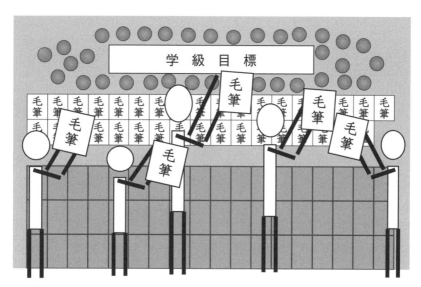

　貼り替え頻度の高い作品を子どもの手の届く位置に置くだけで，教師の手間が減り，時間が生まれます。残業も減るはずです。

　側面の壁や廊下の掲示も同様です。係ポスターやクリアポケットなど，自由度・貼り替え頻度の高いものを低い位置に配置しましょう。

　なお，もしも上下が逆（毛筆作品が上の場合）だとするとどうでしょう。

▲毛筆作品について，教師も子どもも手が届かない位置にある。探すのも貼るのも，ひと苦労。

▲子どもに棚の上に乗らせ，掲示を手伝うのは危険。事故や怪我のもと。

▲学級目標は届く位置にかかわらず，年間を通じてはがしたり貼り足したりする必要がない。もったいない。

　頻度別掲示で，効率性を高め，創造性を発揮できる教室にしましょう。

2　4年生の小ネタ集

替え歌で47都道府県の暗唱

　替え歌を用いて10回程度歌えば，47都道府県名を順番に暗唱することが可能です。暗唱ができれば，あとは地図と対応して覚えればよいだけ。地方別に覚えたり，地図帳とにらめっこしたりする必要がありません。4月当初で覚えられるので，以降の社会科の学習がラクで，楽しいものになります。

　替え歌の題材として，『線路は続くよどこまでも』（原曲『I've Been Working on the Railroad』（アメリカ民謡））のリズムがぴったりです。

　都道府県には「都道府県番号」があるので，その順番通りに覚えることが大切です。白地図による位置の確認や，難解な漢字は年間を通じて，別途行うとよいでしょう。

　（右は，パブリックドメイン音読集『よみま将軍』（教育サイト「EDUPEDIA」より抜粋））

都道府県							
1	北海道	17	石川	33	岡山
2	青森	18	福井	34	広島
3	岩手	19	山梨	35	山口
4	宮城	20	長野	36	徳島
5	秋田	21	岐阜	37	香川
6	山形	22	静岡	38	愛媛
7	福島	23	愛知	39	高知
8	茨城	24	三重	40	福岡
9	栃木	25	滋賀	41	佐賀
10	群馬	26	京都	42	長崎
11	埼玉	27	大阪	43	熊本
12	千葉	28	兵庫	44	大分
13	東京	29	奈良	45	宮崎
14	神奈川	30	和歌山	46	鹿児島
15	新潟	31	鳥取	47	沖縄
16	富山	32	島根		

　できなかったことができるようになれば，子どもの自信と意欲は増すものです。都道府県の暗唱で4月の子どもたちの心をグッとつかみたいものです。

俳句カルタ・ルビンで学級ルールの確認

クラスづくりはもちろん，学級ルールの確認にも，カルタは最適です。札を読み上げる教師や親（リーダー）の指示をしっかり聞くことや，ルールを守ることの大切さなどを学ぶことができるからです。

使用するのは，俳句カルタ・ルビン※。これまでのカルタ遊びの欠点であった，「片付けが面倒」「他のグループ分のカルタと混ざって困る」「1ゲームに時間がかかる」「2人対戦なので，30人学級ならば15セット用意しなければならない」「クラス分準備するにはお金がかかる」といった問題が発生しません。2人対戦からグループ対戦まで，5分程度の時間があれば，1ゲームが可能です。

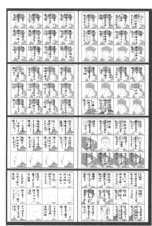

教科書に頻出する大変有名な俳句のみ抽出し，カルタにしています。カルタ遊びをしているうちに，先生も子どもも自然と，句・作者・季語・季節を関連づけて覚えることができるでしょう。

※教育サイト「EDUPEDIA」で無料ダウンロードできます。「俳句カルタ・ルビン」でネット検索してみましょう。つくり方や遊び方が載っています。

二分の一成人式（学習発表会）の やる・やらないを周知する

　4年生は，年度末の学習発表会を「二分の一成人式」と称して大々的に行う場合も多いかと思います。やる・やらないを4月のうちに決め，それを子どもたちや保護者にも周知しましょう。1年の見通しが立ちます。

やらないと決めた場合

　子ども・保護者・管理職に周知しましょう。やらないことを学年でそろえることも大切です。「やってほしい」という要望があったからといって，1クラスだけ出し抜けて行うのは，最も好ましくありません。やらない理由としては，学習指導要領の改訂等により，準備・練習の時間を確保できないこと，インフルエンザ等が流行の時期であり，学級・学年閉鎖に対応できないことなどが考えられます。

やると決めた場合

　同様に子ども・保護者・管理職に周知します。子どもたちには，
　「なぜ二分の一成人式をやらねばならないのか？」
というテーマで話し合わせます（「Aさせたいなら，『なぜAなのか？』と問う」（3年生）を参照）。子どもたちの主体性を意図して養う方法です。

　また，学年間で学級・学年閉鎖になった場合の対応，予備日の設定なども考えましょう。予備日を設けたとしても，インフルエンザは大抵収束しません。予備日を設けず，設定日がダメなら中止という潔い対応も大切です。

　さっそく1学期から仕込みに入ります。ダンス・表現，合唱・合奏，音読・群読・暗唱，発表スキルなどを各教科の時間に，年間通じて磨いていきます。3学期には，やったことやできたことを発表します。今までの成果を見せる会ですから，発表会のためだけに新ネタを盛り込む必要はありません。

　発表会当日は，多くの子が欠席することもあり得ます。学年閉鎖で中止になる場合もあるでしょう。しかし，毎日コツコツと練習し，身につけてきたことは，5・6年生の学習や発表の機会でも必ず生かせるはずです。

学級だけでなく，学年・学校を巻き込んで

　自分のクラスだけ特別なイベントをやったり，自分のクラスにだけ特別なものを配ったりするのは，好ましいこととは言えません。学年を組んだ先生や，他クラスの保護者が不信感を抱くからです。まとまりのない学年，協調性に欠ける自分勝手な先生と思われてしまうでしょう。

　自分のクラスだけでなく，管理職や学年の先生に周知することが何より大切です。しかし，「隣のクラスでも○○をやってください」「全校でやりましょう」などと呼びかけても，賛同を得るのは難しいものです。そこで，「○○を教室（特別教室や校庭）でやるので，よろしければ来てください」と，誘うように声をかけます。廊下にポスターなどを掲示し，全校に呼びかけるのも1つの方法です。筆者は，暗唱カード，海の危険生物カード（うみもんカード）などを呼びかけ型で実践してきました。そうすれば，「やりたい」と思う子が，クラス・学年の壁を越えて集まります。他クラスの先生や保護者からも感謝され，みんなが喜ぶことができました。

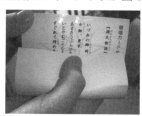
折り曲げて使う暗唱カード

覚えた暗唱カードを並べる子ども

調べカード学習をする異学年の子

朝の教室には異学年の子がズラリ

（鈴木　夏來）

第8章

「今すぐ何とかしたい！」を素早く解決！
学級開きの悩み Q&A

1　役割分担に時間がかかってしまいます… ……………………………132
2　持ち上がりで学級開きに新鮮味がありません… ……………………134
3　学級開きに使える時間が足りません… ………………………………136
4　学級通信に何を書けばよいかわかりません… ………………………138
5　発達障がいの子の支援に必要な準備は… ……………………………140
6　子どもが前学年のことにこだわります… ……………………………142
7　学級の雰囲気がとても暗いです… ……………………………………144
8　学級編成に保護者からクレームが入りました… ……………………146
9　わがままが目にあまる子がいます… …………………………………148

Chapter 8

1 役割分担に時間がかかってしまいます…

Question

学級開きのとき,掃除や配付物等の役割分担にどうしても時間がかかってしまいます。同僚からは,「出席番号順に割り振ればいい」と言われますが,子どもたちのやる気も大切にしたいと思っています。以前,そのやる気を大切にして話し合いをさせてみたら,収拾がつかなくなり,初日から帰りが遅くなってしまいました。どうしたらよいでしょうか。

Answer

役割分担も学級開きの1つ

「学級開きを効率的に進めたいから,役割分担は出席番号順」という同僚の方法は,限られた時間を有効に使いたいという考え方です。一方,あなたの「子どもたちのやる気を大切にしたい」という思いも大切だと考えます。

なんといっても,新しい学年を迎えたばかりの子どもたちは,「がんばるぞ」という意欲でいっぱいです。初日から,その意欲を学級づくりに生かし,土台を築きたいものです。

そう考えると,思い切って「作業分担も学級開きの1つ」と位置づけ,一

定時間を確保してはどうでしょうか。例えば，掃除の分担なら「教室（10人）」「プレイルーム（10人）」「廊下（6人）」「階段（6人）」というように，人数を割り振ったうえで，子どもたちに聞きます。

『どうやって決めたらいいでしょう？　10時30分から掃除なので，10分間で決めたいです』
「立候補がいい」
「班をつくって，班ごとに選ぶのがいい」
「番号順に決めたら，早く決まると思う」
『それぞれのやり方について意見はありませんか？』

このような感じで進めていきます。どのような方法に決まってもよいのです。大事なのは，**「掃除の分担を決めるときに，みんなからこんなにたくさんの意見が出てきました。すばらしいです。みんなの『自分たちの仕事をがんばっていくんだ』という気持ちが感じられました。掃除もその気持ちで取り組んでください」**というように，話し合いを価値づけることです。これで，「役割分担を決める」ことが，学級開きの教師のねらいに位置づきます。

教師主導で行うことと，子どもたちと話し合うことを決めておく

　子どもたちのやる気を大切にするといっても，すべてのことを子どもたちと話し合うのは賢明ではありません。
　例えば，教科書を準備室から持って来る仕事で，決め方を話し合う必要はありません。「希望者はいますか？」と聞き，多いときは「『自分はいいよ』と譲ってくれる人，いますか？」と尋ねます。実際に譲ってくれた子どもには，**「やりたいことを譲れる人はすばらしいね」**と話し，学級経営での大切なキーワードをさりげなく教えます。これは教師主導で行うことです。その中でもさりげなく，教師としてのメッセージを伝えることができるのです。

2 持ち上がりで学級開きに新鮮味がありません…

Question

3年生からの持ち上がりで、4年生でも同じ学級を引き続き担任することになりました。担任にとっては、「知っている子どもたち」という安心感はありますが、子どもたちにとっては、同じ担任、同じクラスメイトということで、新鮮味に欠けてしまっているようです。どのような学級開きが考えられるでしょうか。

Answer

4年生だからこそ行う取組を示す

　確かに、担任やクラスメイトは同じですが、大きく変わることがあります。それは「学年」です。「4年生」になること自体に、子どもたちも期待をしています。その気持ちを大切にして、「4年生だからこそ行う取組」を子どもたちに話しましょう。子どもたちの新しい学年での意欲も高まります。

　例えば、4年生ではクラブが始まります。サッカー、バドミントン、料理、パソコンといった楽しいクラブがたくさんあります。

　また、地区の音楽会に4年生が出場する場合、2学期から取組を始めます。

歌うことが大好きな子どもは楽しみに違いありません。

さらに,「先生も新しい活動を楽しみにしています。3年生よりさらに楽しい4年生にしていきましょう」と, 新しい学年での決意を示すことにより, 子どもたちも「先生も新しい学年で, 何か違っているぞ」と感じ取ります。

3年生のときの取組を思い出させる

持ち上がりの学級の強みは,「前の学年の取組を知っている」ということです。その取組の成果を思い出し, 学級開きで発表してみましょう。

例えば,「3年生のときに暗唱した詩を模造紙に書いて掲示し, 一斉に読み上げる」「学級でつくった歌をみんなで歌う」などです。子どもたちは, 改めて自分たちが前の学年で一生懸命に取り組んだことを思い出します。

「**4年生では, 今まで以上のことをして, よりよい学級をつくろう**」と教師が励ますことで, 子どもたちも取組への意欲をもちます。

学年合同で学級開きを行う

4年生の他の学級も持ち上がりである場合には,**「学年合同の学級開き」**をしてみてはどうでしょうか。例えば, 学年が4学級の場合だったら, 次のような学級開きが可能です。

- 4人の担任の得意なこと(「手品」「歌」「なわとび」等なんでもOK)で, 自己紹介をする。
- 1人ずつ役割分担をして,「どんな4年生になりたい?」「写真を使っての今年の行事紹介」「仲良しゲーム」「学年合唱」というように, 1つ5分程度のプログラムで流す。
- 学年全体のキャッチフレーズを寸劇で紹介する。

同じ学年に新しい担任がいる場合でも, その担任について他学級の子どもたちが知ることができるという点で, 学年合同の学級開きは効果的です。

3 学級開きに使える時間が足りません…

Question

　本校は学級開きの時間が限られています。1時間は確保されているのですが，その中で教科書やノートを配付したり，掃除の説明や分担をしたりしなければいけません。また，配付物も多く，その確認や説明も必要で，実質自由に使える時間は10〜15分ぐらいです。例年，子どもたち一人ひとりの名前を呼び，担任の簡単な自己紹介を行い，新しい学年の話をして終わってしまいます。何かできる工夫はありますか。

Answer

事前に黒板メッセージで教師の自己紹介をする

　本来であれば，学級開きの時間をしっかり確保することは大切ですが，学校事情もあります。そうであれば，**可能な限りの工夫をして，直接子どもたちと触れ合う時間を大切にしたい**ものです。
　例えば，事前に子どもたちと直接会うことはできなくても，黒板メッセージを通して，担任のことを知ってもらうことはできます。担任の得意なこと，好きなこと，自身が3年生や4年生のころのエピソード，担任としての願い

などを書いておきましょう。子どもたちも「新しい担任の先生はだれだろう」と関心をもって教室に入ってきますから、興味津々でメッセージを読むはずです。「おもしろそうな先生」「やさしそうだな」というように、子どもたち一人ひとりに感じさせることができたら成功です。

インパクトのある準備物を活用する

短時間でも、子どもたちの印象に残る学級開きにすることはできます。そのためには、**準備物を効果的に活用する**ことです。

例えば、教師の願いを書いた学級目標案を子どもたちに提示するとき、「掛け軸」で紹介します。実際にやってみると、何人もの子がその日の日記に書くぐらい、子どもたちにとってはインパクトが強いものとなりました。他にも、画像入りのスライドショーを用いながら、教師がプレゼンテーションをすることも印象に残ることでしょう。

個別の声かけを準備する

担任から学級開きで個別に声をかけられたら、子どもたちはうれしいはずです。「時間がないから」とあきらめてはいけません。呼名をし、握手をして、ひと声かけるのは10秒ほどでできます。35人学級でも6分以内でできる計算になります。

「佐藤佐知子さん。(はい!) よろしく。(握手) 走るのが速いと聞いていますよ」

「山田一朗さん。(はい!) よろしく。(握手) 昆虫が好きなんだってね」

前担任や指導要録から個別の情報を仕入れ、どのような声かけをするのか、事前にメモを用意しておきます。その**内容を覚え、メモを見ずに言うことがポイント**です。

もし、学級開きで握手や声かけをすることができないときには、下校時に行います。初日で学級全員に直接に声かけすることには、子どもたち一人ひとりとの距離を縮めるうえで大きな効果があります。

4 学級通信に何を書けばよいかわかりません…

Question

　学級開きの日には，保護者も「どんな先生だろう」と学級通信を期待していると思います。学級通信を書くことは苦手なわけでありませんが，他の先生方の学級通信を読んでも，正直なところ，「読みたい」という感じはしません。どのような内容で書いたらよいでしょうか。

Answer

学級通信は保護者の信頼を高める

　学級開きの後，保護者は我が子に「どんな先生だった？」と聞きます。子どもは学級開きのエピソードを話しますが，中には「楽しい先生だよ」とひと言で終わってしまう子もいます。これでは，保護者はどんな先生なのか参観日までよくわかりません。

　それを補ってくれるのが学級通信です。ただ，第1号が担任の簡単なあいさつと自己紹介，次の日からの連絡で終わってしまうのはもったいないです。もしかしたら，同僚の先生方の学級通信もそのような内容が中心なのかもしれません。

第1号には，担任としての指導方針を堂々と書きましょう。筆者は，子どもたちに話す内容と同じものを掲載しました。

- 私は子どもたちがもっている力を，どんどん伸ばしたいと思っています。学習する力，体力，思いやる力，学級を高める力…たくさんの「力」をつけてほしいという願いから，学級目標を「力をつける」としました。
- 私がみんなをほめるとき。それは，目標に向かって一生懸命に取り組んでいるとき。たとえ結果がよくなくても，努力することが大切なのです。

　このような学級開きでする話を，指導方針として掲載します。これによって保護者は，こんな思いをもっている先生なんだと理解することができます。

学級開きの様子を伝える

　第1号発行後，連続して出すことも大事です。**第2号では，学級開きの日のエピソードを具体的に記します。**

　…今年は4年ぶりの3年生担任。出会いの日の黒板に「謎解き風のメッセージ」を書こうと考えました。そして，先に紹介したものが，そのメッセージです。
　私が教室前の廊下を通ったら，「ミスターXってだれだろうな…」「きっと，山田先生（2年生のときの担任）だよ」と話している声が聞こえました。メッセージに大いに興味をもったようです。まずは作戦成功です。…

　このような内容だったら，保護者も学級開きの日の様子が目に浮かぶことでしょう。
　学級通信は，学級でのエピソードをたくさん書くことができるメディアです。間違いなく保護者は目を通します。連絡中心ではない内容を工夫して書いていきましょう。

5 発達障がいの子の支援に必要な準備は…

Question

今年度,新たに発達障がいの子どもを受け持つことになりました。前担任から対応の仕方を引き継いだり,校内の特別支援コーディネーターと相談したりして,受け入れ体制を整えています。学級開きに当たっては,新しい環境になることへの不安の除去に努めることが大切と考えています。具体的に,どのような準備が必要になってくるのでしょうか。

Answer

事前の来校で不安を取り除く

　学級開きで担任の先生とはじめて出会う。多くの子にとっては楽しみなものです。ところが,発達障がいの子どもの中には,それだけで不安を増長させてしまう子もいます。今まで慣れた靴箱も教室も変わるので,何も準備をしないと,当日パニックになる子もいます。

　可能なら,校内で共通理解をしたうえで,**始業式の前日に保護者とともに登校してもらう**ことをおすすめします。靴箱を確認したり,教室に実際に入ってみて,自分の席に座ってみたりします。担任と話をしたり,一緒にゲー

ムをしたりすることで，不安は大きく解消するものです。
　学校事情により，それが難しい場合でも，当日靴箱を教えたり，教室まで一緒に連れて行ったりする支援員がいることで，不安は軽減するものです。

教室環境をシンプルに

　発達障がいの子のために，教室環境を整えるのは大切なことです。ポイントは，**余計な刺激量を減らすことと活動の見通しをもたせるモノを準備する**ことです。

● 黒板の上の掲示物は，学校教育目標など必要なものだけにする。
● 目につく棚はカーテンや布などで隠す。
● 今日の予定を書いたホワイトボードを準備する。
● 提出物のボックスを色分けし，同じ場所に固定化する。

　これらのことは，準備としては常識的なことです。学級開きの準備と並行して行いましょう。1人の子に役立つ環境づくりは，学級全員にとっても学びやすい環境づくりなのです。

教室での出会いで安心感を

　事前の対応や環境整備ができたら，あとは学級開き当日を迎えるだけです。その子が教室に入ったら，安心感を与えるためにどんどんと声かけをしていきましょう。一番大切なのは，**その子の適切な行動をほめる**ことです。
　例えば，座って話を聞いていたら，「きちんと座ってお話を聞いているね。すばらしい」とほめます。特別なことをほめる必要はありません。このように，当たり前と思われることでよいのです。ほめられることで不安よりも安心の方が増えます。これは，発達障がいの子だけではなく，他の子への対応としても同様のことが言えます。

子どもが前学年のことにこだわります…

Question

4年生の担任になりました。3年生のときの担任は，子どもたちから大変人気のある先生で，教え方も上手でした。学級のリーダーも育っており，子どもたちも積極的に発言をします。その後に担任する自分にとっては，そのことがプレッシャーで，「前の担任と比較されるのではないか」「今までのやり方と違うと言われるのではないか」と不安になってきます。どのような心構えで臨めばよいのでしょうか。

Answer

前学年の方法，前担任のことをまずは受け入れる

　心配はもっともなことです。「前の池谷先生とやり方が違う！」「今までは希望をとって決めていたよ！」。このような声を聞くと，自分のやり方に不安を覚えたり，「この学級の担任は私よ！　私のやり方に従いなさい！」と言いたくなったりしてしまうことでしょう。

　しかし，子どもたちは新しい学級担任であるあなた個人のことが嫌いなわけではありません。**前学級の居心地がよかったので，そのときの雰囲気をそ**

のまま続けたいと願っているだけです。
　ですから，子どもたちの言動にいちいち目くじらを立てる必要はありません。まずは，子どもたちが発言したことを聞く姿勢をもちましょう。
　「前の池谷先生はどんなやり方をしていたの？」
　「どんなところがよかったの？」
　このように聞いてみる余裕をもちましょう。少なくとも，反発する声は減ります。

自分流をさりげなく組み入れていく

　様々なことについて，まずは子どもたちに前学年のやり方を聞き，「では，今までのやり方で今回は係活動を決めていきましょう。困ったことがあったら，またみんなで話し合いましょう」というように取り組んでみましょう。一定方法が決まっているということは，前担任から１つの財産をプレゼントされたのと同じです。その後，課題点があれば少しずつ教師の意図を反映させていけばいいのです。
　「前の池谷先生は毎日休み時間に遊んでくれたよ」というように，比較される場合もあります。まずは，「そう，遊ぶことは楽しいものね」と肯定した後，**「学級みんなで一緒に遊ぶともっと楽しいでしょうね。そういうイベントを企画したらどうだろう？　先生も一緒に遊びたいな」**という提案を子どもに投げかけてみます。
　いわば，今までのやり方を受け入れつつ，さりげなく自分流を組み入れていくのです。そうすると，子どもたちも納得するものです。

積極的な子のエネルギーをプラスに導く

　前学年のことをよく話す子は，積極的な子が多いものです。「涼太君は，いつも学級のために発言してくれるね」と，その積極性を認めるようにしましょう。そういうエネルギーをもっている子は，学級の活動にも積極的です。子どものエネルギーをプラスに導くのは，担任の大事な役割です。

7 学級の雰囲気がとても暗いです…

Question

学級開きで一番に感じたのが「学級の雰囲気が暗い」ということです。「おはよう!」と張り切って教室に入っても,子どもたちからの反応は少なく,お手伝いの希望者を募っても,手をあげる子は一部です。こういう暗い雰囲気の学級を受け持つのははじめてです。どのような取組をしていけばよいでしょうか。

Answer

まずは教師が明るくふるまう

　学級が暗い雰囲気になっている原因はなんでしょうか。「前の学年の先生が厳しすぎて,しばしば強くしかられていた」「学級づくりに結びつく楽しい活動をしたことがない」といった何かしらの理由があるはずです。

　ただ,どのような理由があっても,まずは教師が明るくふるまうことが一番です。例えば,暗い雰囲気の学級を盛り上げようと,集団ゲームを行う場合,教師も一緒になって楽しみます。「こんなゲーム,つまんない」と言う子がいても,しかる必要はありません。しかっても反発を招くだけです。

「じゃあ，どんなゲームならいい？」と聞いて，「ほらっ，一緒に遊ぼうよ」と引っ張っていきます。

　まずは教師の明るさがすべてのスタートです。毎日明るくふるまう中で，子どもの笑顔や笑いが少しずつ増えてきます。

授業に学習ゲームや学習クイズを組み入れる

　ゲームをすると，どのような学級でも盛り上がるものです。しかし，毎日授業中にレクリエーション的なゲームばかりやるわけにはいきません。

　そこで，授業と関連する学習ゲームや学習クイズを取り入れてみましょう。

- 答えを3択クイズにして，1つ選ばせ話し合いをする。
- 教科書の本文を教師が読んで，ときどきわざと間違える。そのとき「ダウト！」と子どもたちに言わせる。（ダウトゲーム）
- 「なんでも○×クイズ」で，今日の学習内容を○×クイズで振り返る。

　このような学習ゲーム，学習クイズを行う中で，**「正解だったら，拍手をしたり，『イエーイ！』と言ったりしてもいいんだよ」**と教えると，学級を盛り上げる子も出てきます。

個別対応を行う

　教師が明るくふるまっても，学級で楽しくゲームをしても，暗い雰囲気のままの子どもがいるかもしれません。

　こういった場合には，何かしらの別の事情があるかもしれません。明るくできない家庭事情があるのかもしれないし，休み時間に遊ぶ友だちがいないといった理由かもしれません。そこで，個別に話を聞いてみましょう。心配がなければそれでよいですし，**対応しなければいけないことについては，あせらず取組を進める**ようにしましょう。

8 学級編成に保護者からクレームが入りました…

Question

3年生を担任することになりました。始業式の翌日,保護者から学級編成についてのクレームを連絡帳で受けました。「『2年生まで仲の良かった子たちが,全員3年1組になった。自分1人だけ2組だった』と娘ががっかりして帰って来た。なんとかならないものか」というものです。「ご事情,わかりました。後ほど改めて電話をします」と連絡帳に書きましたが,具体的にどのように対応したらよいでしょうか。

Answer

まずは保護者の言い分に耳を傾ける

　保護者からのクレームは,教師に非があれば,きちんと向かい合って謝るべきことは謝らなければいけません。しかし,今回の場合には,確かにその子にとっては気の毒な面はありますが,今さら変更しようがないものです。したがって,ついつい「お話はわかりますが,今から学級編成を変えるわけにはいきません。なんとかご理解をお願いします」と言いたくなります。

　しかし,保護者の言い分の真意を改めて考えてみましょう。がっかりして

いる娘の様子を見て不安を覚え，考えた末に連絡帳に書いたものと推測されます。このケースでも，**「学級編成をやり直してほしい」といった無理な要望をいきなり押しつけているわけではありません。**

このような保護者の思いや言い分を，まずはじっくりと聞くという姿勢が大事です。電話で事情を聞くときには，「雪菜さんが，これからも寂しがるのではないかと不安に思われたわけですね」「お母さんとしては確かに心配ですね」といったように，共感的な理解を示すことが大事です。

実態把握と具体的な解決策をあらかじめ校内で共有する

クレーム対応は，1人でするのではなく，組織的に行うのが基本です。いち早い情報共有が早期の解決につながります。そこで，学級編成の意図を前担任に聞いたり，今回の解決策の方向性をあらかじめ学年の先生方や生徒指導担当と話し合ったりします。

その中から，「雪菜さんにやさしい葉月さんが同じ学級。一緒の活動でがんばれるのではないか」といった解決への見通しをつけます。また，本校の学級編成の方針についても保護者に説明できるように，資料を準備します。

あらかじめ要点をメモして解決策を提案する

電話をする際，適切に伝えるため，あらかじめ要点をメモします。

- ●お母さんの心配はよくわかる。
- ●そのために，配慮しながら雪菜さんを見ていく。具体的には同じ学級だった葉月さんと同じ班にして，活動を一緒にするようにしていく。
- ●その様子をこれから随時報告していく。

このようなことを伝えていきます。同時に，学校の学級編成の方針についても伝えます。そして，**今後も不安なことがあったらすぐに連絡してほしい旨を話すと，保護者も学校側の誠意を感じる**ことでしょう。

9 わがままが目にあまる子がいます…

Question

　学級に，わがまま，自分勝手な行動が目にあまる子がいます。学級開きの日の休み時間に，さっそく友だちとサッカーでトラブルになり，言い合いになりました。掃除の役割分担では，希望してほうきの担当になったのに，「やっぱりやめた」と途中で投げ出す始末です。はじめて同じ学級になった友だちも驚いていました。これから先が思いやられます。どのように接していったらよいのでしょうか。

Answer

太陽のように明るく接する

　わがままな子は，友だちはもちろん，教師にとっても手がかかる存在です。「またトラブルか」といったことが新年度早々に何度もあったら，さすがに落ち着いた気持ちではいられません。

　でも，ここで感情的になってはいけません。その子の行動には，その子なりの理屈があり，逆に「どうしてみんなわかってくれないのだろう」と考えているかもしれません。担任であれば，その子の味方でいるというのが基本

的なスタンスです。それも，太陽のように明るく**「また，やってしまったの～？　そうか，そうか」と余裕をもって受け入れる**ことです。

1対1でその子を受け入れてから，反省を促す

　わがままな行いは，その子の何かしらのアピールと考えます。トラブルの後に，1対1で言い分をしっかりと聞きましょう。たとえ，それが屁理屈であっても，説教をすることは避けます。言い分を認め，「こうしてほしかったんだね」というように，共感的な態度をとるようにします。そうすることによって，子どもも「先生は自分のことをわかってくれる」と，心を開くはずです。そのうえで，迷惑をかけたことは反省させます。「さっき，雄太くんに悪口を言っていたけど，同じことを君がされたらどんな気持ちになるかな？」と諭します。

　ただし，**また似たようなことをする可能性は高いので，「少しずつ進歩していっている」というように，長い目でその子を見ていく構え**をもつことが大切です。

自分の考えを提案することを教える

　わがままと思われる行動の中にも，「その気持ちはよくわかる」ということがあります。

　かつて，サッカーやドッジボールでよくトラブルになる子を担任したことがありました。理由を聞いてみると，「他の人が勝手にルールを決めて，おもしろくない」というものでした。

　「だったら，今後はあらかじめみんなでルールを決めることを提案してみたら」と話しました。「勝手にルールを決める」と言われた子たちにも，このやりとりを伝えて，「上手に遊んでね」と話しておきました。その後も多少トラブルはあったものの，お互いに相手を受け入れるようになりました。相手の立場を大切にすることをお互いに学んだのです。

（佐藤　正寿）

【執筆者一覧】（執筆順）

赤坂　真二（上越教育大学教授）

瀧澤　　真（千葉県袖ケ浦市立蔵波小学校）

浅野　英樹（千葉県船橋市立飯山満南小学校）

香川　　稔（東京都目黒区立田道小学校）

村田　正実（千葉県山武市立緑海小学校）

俵原　正仁（兵庫県公立小学校）

土師　尚美（大阪府池田市立秦野小学校）

樋口　綾香（大阪教育大学附属池田小学校）

垣内　幸太（大阪府箕面市立萱野小学校）

森村　俊輔（大阪教育大学附属池田小学校）

小林　秀訓（広島大学附属東雲小学校）

森田　諒子（東京都渋谷区立鳩森小学校）

河邊　昌之（千葉県八千代市立勝田台小学校）

多田　幸城（千葉市立宮野木小学校）

鈴木　夏來（神奈川県立総合教育センター指導主事）

佐藤　正寿（岩手県奥州市立水沢小学校）

【編者紹介】
『授業力&学級経営力』編集部
（じゅぎょうりょく&がっきゅうけいえいりょくへんしゅうぶ）

月刊『授業力&学級経営力』

毎月12日発売

教育雑誌を読むなら
定期購読が、こんなにお得

 年間購読料が２か月分無料
月刊誌の年間購読（１２冊）を１０か月分の料金でお届けします。
＊隔月誌・季刊誌・臨時増刊号は対象外です。

 雑誌のデータ版を無料閲覧
紙版発売の１か月後に購読雑誌のデータ版を閲覧いただけます。
＊定期購読契約いただいた号よりご利用いただけます。

スタートダッシュ大成功！
小学校　学級開き大事典　中学年

2018年３月初版第１刷刊	©編　者『授業力&学級経営力』編集部

発行者　藤　原　光　政
発行所　明治図書出版株式会社
http://www.meijitosho.co.jp
（企画）矢口郁雄　（校正）大内奈々子
〒114-0023　東京都北区滝野川7-46-1
振替00160-5-151318　電話03(5907)6701
ご注文窓口　電話03(5907)6668

＊検印省略　　　組版所　株式会社明昌堂

本書の無断コピーは，著作権・出版権にふれます。ご注意ください。

Printed in Japan　　ISBN978-4-18-355226-6
もれなくクーポンがもらえる！読者アンケートはこちらから →

小学校学年別

365日の学級経営・授業づくり大事典

6巻シリーズ

釼持 勉 監修

1年・1801　4年・1804
2年・1802　5年・1805
3年・1803　6年・1806

B5判・各2,800円+税

必ず成功する！

1章　学級開きのポイント
2章　授業開きのポイント
3章　月別学級経営のポイント
4章　教科別学習指導のポイント

小学校学級担任の仕事のすべてが分かる！

学級開きから修了式まで、学級経営に関する全仕事を網羅しました。また、授業開きのポイントや各教科のおすすめ授業など、授業づくりのアイデアも盛りだくさん！巻末にはコピーしてすぐ使えるテンプレート教材集も収録。365日手放せない1冊です！

明治図書　携帯・スマートフォンからは **明治図書ONLINE** へ　書籍の検索、注文ができます。　▶▶▶

http://www.meijitosho.co.jp　＊併記4桁の図書番号（英数字）でHP、携帯での検索・注文が簡単に行えます。

〒114-0023　東京都北区滝野川7-46-1　ご注文窓口　TEL 03-5907-6668　FAX 050-3156-2790